Der Waisenrat.

Ein Führer und Ratgeber für die bayerischen Waisenräte.

Von

Bernhard Pfister,

K. Amtsgerichtsdirektor in Passau.

München 1910

J. Schweitzer Verlag (Arthur Sellier).

Druck von Dr. F. P. Datterer & Cie., G. m. b. H., Freising und München.

Inhaltsübersicht.

1. Kapitel.

Einleitung.

Rund 440 000 Mündel und Pfleglinge unterstehen in Bayern der Fürsorge der Vormundschaftsgerichte und haben einen Vormund oder Pfleger. Auf je 15 Einwohner des Landes trifft eine Person, der vom Vormundschaftsgericht ein gesetzlicher Vertreter für alle oder für einzelne Angelegenheiten bestellt ist. Dazu kommt die beträchtliche Zahl jener Minderjährigen, denen außerhalb einer Vormundschaft oder Pflegschaft der Schutz oder die Überwachung des Vormundschaftsgerichts zuteil wird, weil ihre Eltern sich nicht so wie es sein soll um sie annehmen können oder wollen oder aber die elterliche Erziehungskunst versagt.

Zur Lösung ihrer wichtigen und umfangreichen Aufgabe bedürfen die Vormundschaftsgerichte der gewissenhaften Unterstützung durch die örtlichen Behörden. In anderen deutschen Staaten war zu diesem Zwecke schon im vorigen Jahrhundert der Gemeindewaisenrat in Tätigkeit. Die Einführung des Bürgerlichen Gesetzbuches brachte auch für Bayern mit dem 1. Januar 1900 diese Einrichtung. Seitdem ist in jeder Gemeinde entweder eine Mehrzahl tüchtiger Männer oder doch wenigstens e i n erfahrener, ortsangesessener mit den Verhältnissen seines Bezirks wohl vertrauter Mann — Waisenräte — dazu bestellt, nach sorgfältiger Prüfung die für das Amt des Vormunds oder Pflegers zu wählenden Personen auszumitteln und vorzuschlagen, die Tätigkeit der Vormünder zu überwachen, diese durch ihre Aufsichtstätigkeit anzueifern, geringeren Mängeln durch eigenes Eingreifen abzuhelfen, gröbere Verfehlungen der Eltern und Vormünder zur Kenntnis des Vormundschaftsgerichts zu bringen, dem Gericht als Gutachter beratend oder durch Auskunfterteilung zur Seite zu stehen, Schutzbedürftigen jeden Alters beizuspringen und das Wohl der Jugend auf alle Weise zu fördern.

Der Gemeindewaisenrat ist in Bayern eine junge Pflanze. Die ihr bisher zum Wachstum gegönnte Zeit von zehn Jahren konnte nicht genügen, sie zum vollkräftigen Baum zu entwickeln.

Immerhin kann ein Fortschreiten ihrer Entwicklung festgestellt werden und sie wird in noch besseres Gedeihen und Blühen kommen, wenn einmal allen Volksschichten das Verständnis für die Bedeutung der Jugendfürsorge und für die Aufgabe des Waisenrats sich erschlossen hat und damit die bereitwillige Unterstützung aller Einsichtigen gewonnen ist. Es soll aber nicht verschwiegen werden, daß auch die Festsetzung einer längeren Amtsdauer für die Waisenräte das Gedeihen des jungen Baumes fördern würde.

Als Helfer der Vormundschaftsgerichte nimmt der Waisenrat an der Rechtspflege vollen Anteil. Zwar kommt ihm nicht die Mitentscheidung zu wie dem Schöffen oder Geschworenen, aber seine vorbereitende, begutachtende und überwachende Tätigkeit ist nicht weniger wichtig wie die Ausübung der staatlichen Strafgewalt und es mag für das Feingefühl und die Herzensgüte des Waisenrats ein gutes Zeugnis sein, wenn er sein Wirken, das gegen schlechte Einflüsse schützen, Schlimmes verhüten und strafbaren Handlungen vorbeugen soll, dem des Schöffen und Strafrichters vorzieht.

Das Amt des Waisenrats erfordert Pflichttreue und Gewissenhaftigkeit, unparteiisches und gerechtes, aber auch entschlossenes und furchtloses Handeln, gewährt jedoch andererseits durch die vielen Gelegenheiten, Gutes zu wirken und Schaden abzuwenden, einem nicht auf äußere Ehren und auf Vermögensvorteile erpichten Manne hohe Befriedigung. Denn welche Aufgabe ist schöner und dankbarer als die, den Gebrechlichen und Unmündigen ein Schutz und Hort, der Jugend ein wohlwollender Wächter und Berater, den irrenden und gefährdeten Jugendlichen ein Warner und Retter, den Pflichtvergessenen und Verführern eine starke Gegenwehr zu sein! Von alten Zeiten her gilt in deutschen Landen der Schutz der Waisen als das schönste Vorrecht und die heiligste Pflicht der Könige und Fürsten. Nun ist in der kleinsten Gemeinde ein Mann aus dem Volke zur Mitwirkung an dieser hehren Aufgabe dienstlich berufen. Ehrenamtlich, nicht um klingenden Lohnes willen, sondern zufrieden mit dem Bewußtsein treuer Pflichterfüllung, wenig beachtet und selten gelobt übt der Waisenrat seine fruchtbare Tätigkeit aus. Hier ist Gelegenheit geboten, durch gewissenhafte Amtsübung im Dienste des Gesetzes und im Einklange mit den Grundsätzen des Christentums und wahrer Menschenfreundlichkeit eine sittliche Tat zu verrichten und zugleich in bestem Sinne vaterländische Gesinnung zu bewähren, da jeder Erfolg, und bestünde er auch nur in der Abwendung oder Abschwächung schlimmer Dinge, dem deutschen Volke und allen Volksgenossen zugute kommt.

Niemand kann bezweifeln, daß alle Waisenräte von dem besten Willen beseelt sind, ihrer Aufgabe gerecht zu werden. Sie erleichtern sich aber ihre Geschäfte und machen ihr Wirken fruchtreicher, wenn sie sich einige Kenntnisse der in Betracht kommenden Rechtsgrundsätze verschaffen, die Ziele ihres Berufes schärfer ins Auge fassen, die verschiedenen Hilfsmittel kennen und erproben lernen und sich eine zweckmäßige Arbeitsweise aneignen. Überdies wird der Waisenrat stets dessen eingedenk sein müssen, daß sein Beruf sich nicht in dem, was die Gesetze ausdrücklich vorschreiben, erschöpft, sondern sein Pflichtenkreis nach dem Geiste des Gesetzes ein weiteres Feld umfaßt, nämlich die ständige Mitwirkung auf dem großen Gebiete der Jugendfürsorge und Volkserziehung. Erst dann ist, soweit es am Waisenrat liegt, der Boden für die Aussaat gut bestellt. Auf all' das im einzelnen hinzuweisen und durch Anleitung und Erläuterungen zu steten Fortschritten beizutragen, ist die Bestimmung dieses Büchleins. Es bezweckt, die Leistungen der bayerischen Waisenräte zu steigern.

2. Kapitel.

Elterliche Gewalt.

Bürgerliches Gesetzbuch §§ 1591—1772. — Reichsgesetz über die Angelegenheiten der freiwilligen Gerichtsbarkeit § 49.

Die Eltern sind die natürlichen Vormünder ihrer leiblichen ehelichen Kinder. Sie haben von Natur und durch Recht und Sitte die Gewalt über ihre Kinder mit allen daraus entspringenden Rechten und Pflichten. Diese natürliche Vormundschaft der Eltern nennt man **elterliche Gewalt**.

Der elterlichen Gewalt sind nur minderjährige eheliche Kinder unterworfen. Minderjährig ist, wer das 21. Lebensjahr noch nicht vollendet hat (Kind im Sinne der folgenden Ausführungen). Über ein uneheliches Kind hat seine Mutter die elterliche Gewalt nicht. Den ehelichen Kindern stehen die durch nachfolgende Eheschließung der Eltern legitimierten unehelich geborenen Kinder oder die mit gerichtlicher Bestätigung an Kindes Statt angenommenen Kinder gleich.

Die elterliche Gewalt umfaßt das Recht und die Pflicht für die Person und das Vermögen des Kindes zu sorgen. Der Inhaber der elterlichen Gewalt (Gewalthaber) hat insbesondere

a) das Kind vor allen Gerichten und Behörden und gegenüber jedermann zu vertreten und zwar in allen Angelegenheiten, mögen sie die Erziehung oder sonst die Person des Kindes oder das Vermögen des Kindes betreffen,

b) dem Kinde den Unterhalt zu gewähren, es zu erziehen, zu beaufsichtigen und zu beschützen, Zuchtmittel anzuwenden, seinen Aufenthaltsort, seine Beschäftigung und Ausbildung zu bestimmen,

c) das Vermögen des Kindes zu verwalten.

Er hat außerdem, wenigstens regelmäßig, das Recht der Nutznießung am Vermögen des Kindes.

Inhaber der elterlichen Gewalt ist während der Ehe der Vater; die Mutter hat aber das Recht der Mitwirkung bei der Pflege und Erziehung des Kindes und bei allen sonstigen die Person des Kindes betreffenden Augelegenheiten (Mitsorge für die Person).

Ist der Vater gestorben, so steht die elterliche Gewalt in vollem Umfange der Mutter zu, jedoch nur solange sie Witwe bleibt. Dem ehelichen Kinde ist also kein Vormund zu bestellen, wenn der Vater stirbt und die Mutter noch am Leben und zur Ausübung der elterlichen Gewalt tauglich ist.

Nun kann es vorkommen, daß der Vater oder die Mutter zur Ausübung der elterlichen Gewalt nicht fähig oder aber an der Ausübung verhindert sind. Für diese Ausnahmefälle hat das Gesetz zum Schutze der Kinder Vorsorge getroffen.

Ist nämlich der Vater geisteskrank oder aus irgend einem Grunde entmündigt oder hat er wegen körperlicher Gebrechen einen Pfleger für Person und Vermögen erhalten, so ruht seine elterliche Gewalt. Denn wenn er die eigenen Geschäfte nicht zu besorgen vermag, können ihm auch die Angelegenheiten des Kindes nicht anvertraut bleiben. Ist der Vater auf andere Weise an der Ausübung der elterlichen Gewalt längere Zeit verhindert, z. B. durch Abwesenheit, Gefangensein, so ist es Sache des Vormundschaftsgerichts festzustellen, daß eine Verhinderung des Vaters auf längere Zeit besteht. Sobald das Vormundschaftsgericht diese Feststellung getroffen hat, ruht ebenfalls die elterliche Gewalt des Vaters.

Solange die elterliche Gewalt des Vaters ruht, hat die Mutter des Kindes sie auszuüben. Lebt die Mutter nicht mehr, so ist dem

Kinde vom Gericht ein Vormund zu bestellen (Anzeigepflicht des Waisenrats). Ebenso bedarf das Kind eines Vormunds, wenn beim Ruhen der elterlichen Gewalt des Vaters die Mutter geisteskrank oder entmündigt oder wegen körperlicher Gebrechen in allen Beziehungen durch einen Pfleger vertreten oder abwesend oder selbst noch minderjährig ist (Anzeigepflicht des Waisenrats).

Die elterliche Gewalt der Mutter kann aus denselben Gründen ruhen; auch in diesem Falle erhält das Kind einen Vormund (Anzeigepflicht des Waisenrats).

Von dem Ruhen der elterlichen Gewalt ist ihre Verwirkung zu unterscheiden. Verübt nämlich der Vater oder die die elterliche Gewalt innehabende Mutter an dem Kinde ein Verbrechen oder ein vorsätzliches Vergehen und wird deshalb auf Zuchthaus oder wenigstens 6 Monate Gefängnis erkannt, so verwirken, d. h. verlieren sie, sobald die Verurteilung rechtskräftig geworden ist, zur Strafe von selbst die elterliche Gewalt über das Kind, an dem sie die strafbare Handlung (z. B. schwere Mißhandlung, Freiheitsberaubung, Kuppelei, sonstige Unsittlichkeit) begangen haben. Alsdann ist dem Kinde ein Vormund zu bestellen. (Anzeigepflicht des Strafgerichtes und des Waisenrates). Das Kind erhält einen Vormund auch dann, wenn der Vater der Übeltäter und die Mutter noch am Leben und nicht mitschuldig ist; eine Ausnahme besteht, wenn die Eltern geschieden sind.

Ein Verzicht auf die aus der elterlichen Gewalt entspringenden Rechte ist unzulässig.

Vater und Mutter dürfen ihre Elternrechte nicht willkürlich ausüben. In der Verwaltung des Kindesvermögens sind allen Eltern vom Gesetze gewisse Schranken gezogen, damit nicht das Kind durch Unerfahrenheit oder Leichtsinn der Eltern zu Schaden kommt. Dem Inhaber der elterlichen Gewalt ist insbesondere die Pflicht auferlegt, das Vermögen des Kindes wie Mündelgut anzulegen und zu verwalten (Anzeigepflicht des Waisenrates bei Gefährdung) und zu wichtigen für das Kind vorzunehmenden Rechtsgeschäften die Genehmigung des Vormundschaftsgerichts einzuholen. Auch ist der überlebende Elternteil gehalten nach dem Tode des Ehegatten oder bei späteren Zugängen das Vermögen des Kindes zu verzeichnen und dieses Verzeichnis beim Vormundschaftsgericht einzureichen.

Die Eltern unterstehen der Aufsicht des Vormundschaftsgerichtes, wenn auch nicht in dem Grade wie die Vormünder.

Solange die Eltern es recht machen, hat das Gericht nichts mit ihnen zu tun. Das Gericht hat indessen einzuschreiten, wenn es erfährt, daß die Eltern aus eigenem Verschulden es an der Erfüllung ihrer Erziehungspflichten gegenüber dem Kinde fehlen lassen; z. B. die Eltern vernachlässigen die Pflege oder Erziehung des Kindes oder schädigen seine Gesundheit und spätere Erwerbsfähigkeit oder mißbrauchen das Erziehungsrecht, etwa durch grobe Überschreitung des Züchtigungsrechtes oder entwürdigende Zumutungen, oder die Eltern gefährden den Erfolg der Erziehung dadurch, daß sie selbst durch ehrloses oder unsittliches Verhalten den bei ihnen befindlichen Kindern ein schlechtes Beispiel geben. Wo solche oder ähnliche Verhältnisse obwalten, hat der Waisenrat dem Gericht Anzeige zu machen. Zum Schutze des Kindes hat alsdann das Vormundschaftsgericht das Nötige anzuordnen. Das Gericht wird sich in leichten Fällen mit einer Verwarnung der Eltern begnügen, bei ernsterer Veranlassung aber Gebote oder Verbote an die Eltern erlassen und die elterliche Gewalt beschränken oder den Eltern das Erziehungsrecht aberkennen und einem Pfleger übertragen, ja sogar das Kind in einer anderen Familie oder in einer Anstalt unterbringen. Unter besonderen Umständen müssen sich die Eltern eine Beschränkung ihrer Erziehungsgewalt auch dann gefallen lassen, wenn sie kein Verschulden trifft, wenn nämlich ein Kind strafbare Handlungen begangen hat und seiner weiteren sittlichen Verwahrlosung nur durch die Zwangserziehung vorgebeugt werden kann oder wenn nur durch Zwangserziehung das völlige sittliche Verderben eines Kindes verhütet werden kann.

Ebenso hat das Gericht einzugreifen, wenn der Vater oder die Mutter dem Kinde den Unterhalt versagen oder ungebührlich verkürzen oder das Vermögen des Kindes nicht richtig verwalten und dadurch in Gefahr bringen. Die nämliche Pflicht obliegt dem Gericht, wenn Vater oder Mutter ohne eigenes Verschulden in Vermögensverfall geraten und das Kind eigenes Vermögen besitzt (Anzeigepflicht des Waisenrates in allen diesen Fällen).

Sieht man von einer Ausnahme (Wiederverehelichung der Mutter) ab, so steht die Mutter-Witwe, was die elterliche Gewalt betrifft, dem Vater des Kindes ganz gleich. Ebenso die Mutter, die die elterliche Gewalt ausübt, weil die des Vaters ruht. Das Gesetz hat indessen berücksichtigt, daß sie mitunter aus irgend welchem Grunde ihren Pflichten ohne Unterstützung nicht genügen kann, und zugelassen, daß ihr in diesem Falle vom Gericht ein Beistand beigegeben wird. S. hierüber S. 19.

Wenn sich der Vater wiederverehelicht, behält er die Gewalt über seine Kinder aus früherer Ehe in vollem Umfange.

Hingegen verliert die Mutter-Witwe die elterliche Gewalt durch die Wiederverehelichung, da sie in eine neue Familie eintritt. Die Kinder früherer Ehe erhalten alsdann einen Vormund und diese Vormundschaft bleibt bestehen, wenn selbst die Mutter neuerdings wieder Witwe wird. Aber der wiederverehelichten Mutter bleiben einige bedeutende Rechte über das Kind: das Recht der Erziehung, der Bestimmung des Aufenthalts, der Beschäftigung, nämlich alle jene Befugnisse, für die das Gesetz den Ausdruck „Sorge für die Person" gebraucht. Zur Vertretung des Kindes ist aber die wiederverehelichte Mutter nicht befugt und der Vormund hat darüber zu wachen, daß sie jene Rechte nicht mißbraucht und die Erziehung des Kindes nicht Schaden leidet. Denn bei Mißbrauch dieser Befugnisse oder bei Vernachlässigung des Kindes (Anzeigepflicht des Waisenrats) ist ihr dieses Mutterrecht, nämlich die Sorge für die Person des Kindes, vom Gericht zu beschränken oder zu entziehen.

Das Kind tritt aus der elterlichen Gewalt mit dem Beginne des Tages, an dem es volljährig wird, d. i. das 21. Lebensjahr vollendet. Dem Eintritt der Volljährigkeit steht die Volljährigkeitserklärung gleich, die einzelnen über 18 Jahre alten Minderjährigen bei besonderen Verhältnissen gewährt werden kann. Über solche Gesuche hat in Bayern das Staatsministerium der Justiz zu entscheiden.

Förmliche vom Gericht ausdrücklich bestätigte Annahme an Kindes Statt, nicht aber die bloß tatsächliche Aufnahme zur Pflege und Erziehung, hat die Wirkung, daß das Kind aus der elterlichen Gewalt seiner natürlichen Eltern ausscheidet und der elterlichen Gewalt des Annehmenden unterworfen wird.

Erlangt das Kind wirtschaftliche Selbständigkeit, verdient es z. B. seinen ganzen Lebensunterhalt selbst, so hat dies auf die elterliche Gewalt keinen Einfluß. Auch die Verheiratung des minderjährigen Kindes hebt die elterliche Gewalt nicht auf; sie erleidet aber, wenn eine minderjährige Tochter sich verehelicht, einige Beschränkungen durch Rechte ihres Ehegatten.

Die Mutter eines unehelichen Kindes hat zwar das Recht und die Pflicht für die Person ihres Kindes zu sorgen, geradeso wie eine wiederverehelichte Mutter für ihre Kinder aus früherer Ehe zu sorgen hat. Aber die uneheliche Mutter hat keine elterliche Gewalt. Dieser sind grundsätzlich nur eheliche Kinder und die solchen gleichstehenden (legitimierten, an Kindes Statt angenommenen, in beschränktem Grade auch die durch eine Verfügung der Staatsgewalt für ehelich erklärten) unterworfen. Der Vater eines unehelichen Kindes hat gar keine Erziehungsrechte gegenüber dem Kinde.

---

3. Kapitel.

Vormundschaft.

Bürgerliches Gesetzbuch §§ 6, 104, 114, 1676 Abs. 2, 1680, 1684, 1686, 1698, 1707, 1773—1908. — Reichsgesetz über die Angelegenheiten der freiwilligen Gerichtsbarkeit § 49. — Bayerisches Ausführungsgesetz zum Bürgerlichen Gesetzbuch Art. 100. — Bayerisches Gesetz vom 23. Februar 1908, die Berufsvormundschaft betr.

A. Einen Vormund erhalten:

1. die minderjährigen Doppelwaisen,
2. die minderjährigen Waisen, deren Mutter zwar noch am Leben ist, aber sich wieder verehelicht hat,
3. die Kinder, deren Gewalthaber — Vater oder Mutter — noch lebt, aber die elterliche Gewalt durch Entziehung oder Verwirkung verloren hat oder, weil sie ruht, nicht ausüben kann, es müßte denn sein, daß die elterliche Gewalt des Vaters ruht und die Mutter sie ausüben kann,
4. die unehelichen Kinder,
5. Kinder, deren Personenstand (Herkunft) nicht ermittelt ist, also Findelkinder,
6. die entmündigten Volljährigen.

Beispiele: Vater und Mutter sind gestorben mit Hinterlassung von Kindern im Alter von 22, 17, 14 und 8 Jahren. Das älteste Kind ist bereits volljährig und kann seine Angelegenheiten selbst besorgen. Den drei jüngeren Kindern ist ein Vormund zu bestellen (Anzeigepflicht des Waisenrates).

Z starb mit Hinterlassung seiner zweiten Frau Luise und von 3 minderjährigen Kindern: Alfred und Emma aus erster, Franz aus zweiter Ehe. Alfred und Emma kommen unter Vormundschaft; denn die Witwe Luise ist nicht ihre Mutter (Anzeigepflicht des Waisenrates). Hingegen geht die elterliche Gewalt über Franz auf dessen Mutter, die Witwe Luise über; Franz erhält einen Vormund nicht.

Witwe A hat aus ihrer ersten Ehe zwei Kinder im Alter von 16 und 13 Jahren, aus der zweiten Ehe ein Kind von 4 Jahren und schließt die dritte Ehe. Die zwei Kinder aus der ersten Ehe mußten unter Vormundschaft kommen, als die Mutter die zweite Ehe einging, und blieben unter Vormundschaft, als die Mutter ihren zweiten Gatten verlor. Infolge der abermaligen Wiederverehelichung erhält nun auch das Kind zweiter Ehe einen Vormund (Anzeigepflicht des Waisenrates).

M hat an seiner 12jährigen Tochter im Rausche ein Verbrechen wider die Sittlichkeit begangen und infolge gerichtlicher Verurteilung zu einer Gefängnisstrafe von neun Monaten die elterliche Gewalt über die Tochter verwirkt. Dem Mädchen ist ein Vormund zu bestellen, obwohl die Mutter noch lebt (Anzeigepflicht des Waisenrates).

Der Witwe H ist die elterliche Gewalt über ihren 9jährigen Sohn entzogen worden, weil sie den Knaben fortgesetzt auf Bettelgänge mitnahm, zum Bettel anleitete und überdies darben ließ. Der Knabe erhält einen Vormund.

Witwe S gebiert zwei Jahre nach dem Tode ihres Mannes ein Mädchen. Das Kind ist unehelich und hat einen Vormund zu bekommen (Anzeigepflicht des Waisenrates).

Z ist wegen Geistesschwäche entmündigt. Das Vormundschaftsgericht gibt ihm einen Vormund bei.

Es gibt vier Gründe der Entmündigung: Geisteskrankheit, Geistesschwäche, Verschwendung, Trunksucht. Die Entmündigung kann vom Gerichte nur auf Antrag eines Berechtigten und unter den gesetzlich bestimmten Voraussetzungen ausgesprochen werden. Geisteskrankheit oder Geistesschwäche rechtfertigen die Entmündigung nur dann, wenn sie den Kranken hindern, seine Angelegenheiten selbst vernünftig zu besorgen. Verschwendung genügt für sich allein ebenfalls nicht; es muß hinzukommen, daß der Verschwender dadurch sich oder seine Familie in die Gefahr des Notstandes bringt. Wegen Trunksucht wird entmündigt, wer infolge dieser Schwäche seine Angelegenheiten nicht zu besorgen vermag oder sich oder seine Familie der Gefahr des Notstandes aussetzt oder die Sicherheit anderer gefährdet. Schon während des Entmündigungsverfahrens kann vorläufige Vormundschaft angeordnet und ein Vormund aufgestellt werden, wenn das Vormundschaftsgericht es zum Schutze der Person oder des Vermögens desjenigen, dessen Entmündigung beantragt ist, für erforderlich hält.

Wer unter Vormundschaft steht, ob minderjährig oder volljährig, heißt Mündel.

B. Der Vormund hat für seinen Mündel so zu sorgen, wie ein Familienvater für sein Kind sorgt. Der Vormund vertritt Vaterstelle. Er hat das Recht und die Pflicht:

a) den Mündel in jeder Lebenslage und Angelegenheit gegenüber jedermann und vor jeder Behörde zu vertreten,

b) für die Person des Mündels zu sorgen und sein leibliches und geistiges Wohl auf alle Weise zu fördern (Ernährung und Bekleidung, körperliche Pflege, Erziehung, einschließlich des Rechts angemessener Züchtigung, Unterbringung, religiöse Unterweisung, Beaufsichtigung, Schutz gegen Gefährdung der Ehre, Gesundheit und Sittlichkeit, Schulbildung, Vorbildung zu einem Berufe),

c) das Vermögen des Mündels zu verwalten und die sonstigen auf das Vermögen bezüglichen Geschäfte wahrzunehmen.

Die Vertretungsmacht des Vormundes bringt es mit sich, daß der Vormund statt des Mündels in allen wichtigen Angelegenheiten handelt oder aber, wenn der Mündel älter ist, zu dessen Handlungen, so weit sie dem Mündel eine Verpflichtung auferlegen, seine Zustimmung erteilt. Die Entscheidung und Verantwortung liegt beim Vormund; grundsätzlich führt er die Geschäfte. Er vertritt den Mündel in Rechtsstreitigkeiten. Bei der Vermögensverwaltung hat der Vormund die Geschäfte uneigennützig und zum Vorteile des Mündels zu führen. Der Vormund darf Mündelgeld nicht für sich verwenden; tut er das gleichwohl, so läuft er Gefahr, wegen Unterschlagung und Untreue bestraft zu werden. § 246, 266 des Strafgesetzbuches.

C. Die Befugnisse unter a) und c) hat jeder Vormund. Die Befugnisse unter b) sind geschmälert, wenn die leibliche Mutter eines minderjährigen Mündels noch lebt und für den Mündel, ihr Kind, sorgen kann und darf. Das Mutterrecht geht in Angelegenheiten der Unterbringung und Erziehung dem Recht des Vormundes vor; der Vormund hat in diesem Falle nur das Recht der Beratung und Unterstützung und die Pflicht der Überwachung. Die Entscheidung über Unterkunft und Erziehung liegt aber bei der Mutter. Ist der Vormund mit der Entscheidung der Mutter nicht zufrieden, kann er sie nicht selbst umstoßen, sondern muß das Vormundschaftsgericht anrufen. Dieses Mutterrecht kommt hauptsächlich der wiederverehelichten Mutter des ehelichen Kindes und der Mutter des unehelichen Kindes zu.

Beispiele: D hat ihr uneheliches Kind einem Verwandten in Pflege gegeben. Da der Vormund erfährt, daß das Kind dort viel Schlechtes hört und sieht und dadurch verdorben wird, verlangt er anderweitige Unterbringung. D widersetzt sich diesem Verlangen. Der Vormund hat sich an das Vormundschaftsgericht um Abhilfe zu wenden.

Frau J hat, als sie wieder heiratete, einen Knaben aus erster Ehe mitgebracht. Ihr Mann kann den Knaben, der sich geistig und körperlich besser entwickelt wie seine eigenen Kinder, nicht leiden, züchtigt ihn oft ohne Grund und behandelt ihn ungerecht. Der Vormund dringt darauf, daß der Knabe vom Stiefvater wegkommt, die Mutter will ihn aber bei sich behalten. Bei dieser Meinungsverschiedenheit muß das Vormundschaftsgericht entscheiden, wenn die Mutter nicht nachgeben will.

In ähnlicher Weise erfährt das Recht des Vormundes eine Einschränkung, wenn des Mündels Vater noch lebt, aber wegen Geistesschwäche, Verschwendung oder Trunksucht entmündigt ist oder für seine Person und sein Vermögen einen Pfleger erhalten hat und deshalb auch die Vormundschaft über das Kind notwendig geworden ist. In solchen Fällen hat der Vater das Recht der Mitsorge, die Meinung des Vormundes geht aber vor und der Vormund kann nach seinem Willen ohne Zutun des Gerichtes handeln.

Hat sich ein bevormundetes Mädchen verheiratet, so muß der Vormund auf die Rechte ihres Mannes gebührende Rücksicht nehmen.

D. Da der Vormund Vaterstelle vertreten soll, wird erfordert, daß er selbst geistig gesund und körperlich hinreichend rüstig ist, einen guten Leumund genießt, in seinem Lebenswandel Pflichtgefühl und sittlichen Ernst bekundet, die Geschäfte uneigennützig, treu und gerecht führt, also niemals auf seinen Nutzen sieht, sondern in allem das Beste des Mündels im Auge hat.

Im übrigen bestimmen die Umstände, welche besonderen Eigenschaften oder Vorzüge der Vormund mitbringen soll. Ist der Mündel schwer zu erziehen, so wird ein erfahrener, tatkräftiger Familienvater der geeignetste Vormund sein. Für eine mühevolle und verantwortungsreiche Vermögensverwaltung eignet sich vorzugsweise ein in solchen Geschäften besonders geschickter und dabei nicht unvermögender Mann, für Beaufsichtigung eines landwirtschaftlichen Betriebes ein tüchtiger Landwirt, für die Fortführung eines kaufmännischen Geschäftes ein kundiger Geschäftsmann, der nicht Konkurrent ist.

E. Jeder Mündel hat in der Regel nur einen Vormund. Sind mehrere Geschwister zu bevormunden, gleichviel ob eheliche oder uneheliche, so erhalten sie gewöhnlich alle zusammen nur einen Vormund. Ausnahmen sind zulässig.

Die Verhältnisse können aber so liegen, daß ein einzelner Vormund die Geschäfte des Mündels oder der mehreren Geschwister-Mündel nicht gut besorgen kann, z. B. weil ein geschäftliches Unternehmen mit mehreren zerstreuten Zweigniederlassungen fortzuführen ist oder die Geschäfte, mögen sie die Erziehung des Mündels oder die Vermögensverwaltung betreffen, die Kraft und Zeit eines Einzelnen übersteigen. In diesem Falle können zwei oder mehrere Mitvormünder bestellt werden. Diese führen entweder alle Geschäfte gemeinschaftlich oder aber jeder versieht, wozu die Genehmigung des Vormundschaftsgerichts notwendig ist, einen bestimmten Teil der Geschäfte allein.

Mitvormünder werden auch auf letztwillige Anordnung der Eltern eines ehelichen Mündels bestellt.

F. Ist dem Mündel oder den Geschwister-Mündeln nur ein Vormund bestellt, so soll ihm ein Gegenvormund beigegeben werden, wenn mit der Vormundschaft eine erhebliche Vermögensverwaltung verbunden ist. Die Größe des Vermögens spielt hiebei weniger eine Rolle als vielmehr die Zahl und Bedeutung der Verwaltungsgeschäfte. Die Verwaltung eines ansehnlichen Bauerngutes würde hienach die Beigabe eines Gegenvormundes erheischen. In jedem Falle darf neben dem Vormund ein Gegenvormund aufgestellt werden, insbesondere wenn die Eltern dies letztwillig angeordnet haben.

Der Gegenvormund hat die Aufgabe, die Tätigkeit des Vormundes in jeder Hinsicht zu überwachen, Pflichtwidrigkeiten des Vormundes unverzüglich zur Kenntnis des Vormundschaftgerichtes zu bringen und auch sonst jeden Fall, in welchem das Vormundschaftsgericht einzugreifen hat, dem Gericht anzuzeigen, z. B. Tod, schwere Erkrankung, längere Abwesenheit, Unwürdigkeit des Vormundes (Anzeigepflicht des Gegenvormundes neben der Anzeigepflicht des Waisenrates). Die Überwachungspflicht des Gegenvormundes erstreckt sich auf die Sorge für die Person des Mündels (Unterhalt, ·Erziehung, Ausbildung) ebensowohl wie auf die Vermögensverwaltung.

Beispiele: Vormund P verwaltet ein beträchtliches Mündelvermögen und gerät in Konkurs. Der Vormund wird dadurch nicht unfähig zur Weiterführung der Vormundschaft, allein das

Gericht hat zu entscheiden, ob nicht P als Vormund entlassen werden soll, da sein Bleiben im Vormundsamt möglicherweise das Interesse des Mündels gefährdet. Der Gegenvormund hat dem Vormundschaftsgericht Mitteilung zu machen. Erfährt er weiter, daß der Vormund dem gesetzlichen Verbot zuwider Mündelgeld für sich verwendet hat, so hat er dies ebenfalls schleunigst anzuzeigen. Sonst bringt sich der Gegenvormund selbst in Haftung.

Der lungenkranke Mündel E klagt dem Gegenvormund, daß der Vormund ihm die Mittel zum Aufenthalt in einer Heilanstalt hartnäckig verweigere und ihm nicht einmal das Reisegeld hierfür geben wolle. Der Gegenvormund erkennt, daß das Verlangen des Mündels begründet ist, und macht dem Vormund Vorstellungen, aber ohne Erfolg. Dem Gegenvormund obliegt, sofort dem Vormundschaftsgericht über diese Weigerung des Vormundes zu berichten.

In allen solchen Fällen hat auch der Waisenrat dem Vormundschaftsgericht Mitteilung zu machen. Die Geschäftsführung bleibt im allgemeinen in der Hand des Vormundes, wenn ein Gegenvormund aufgestellt ist. Bei einzelnen wichtigen Geschäften ist aber der Vormund an die Einwilligung des Gegenvormundes gebunden und dieser hat auch bei der Errichtung des Vermögensverzeichnisses mitzuwirken und die Vormundschaftsrechnungen zu prüfen.

G. Jeder Vormund wird als solcher vom Vormundschaftsgericht förmlich — durch Handschlag an Eides statt — bestellt. Erst durch diese Bestelluug erlangt er die Vertretungsmacht und alle übrigen Rechte; vorher ist er nicht Vormund. Jeder Vormund erhält vom Gericht einen schriftlichen Ausweis über seine Verpflichtung; diesen Ausweis nennt man Bestallung. Etwaige Beschränkungen der vormundschaftlichen Gewalt, z. B. durch das Vorhandensein eines Mitvormundes oder Gegenvormundes, sind in der Bestallung vermerkt. Der Waisenrat ist berechtigt, von den in seinem Bezirke wohnenden Vormündern jederzeit die Vorweisung der Bestallung zu verlangen.

Der Vormund trägt gegenüber Gott, seinem Gewissen und dem Mündel die Verantwortung, daß er die Vormundspflichten sorgfältig erfüllt. Die Verantwortung ist eine religiöse und sittliche, zugleich aber auch eine rechtliche. Ein Teil der rechtlichen Verantwortung ist die Vermögenshaftung des Vormundes; er hat nämlich dem Mündel den aus einer schuldhaften Pflichtverletzung entstehenden Schaden zu ersetzen. Ein solcher Schaden kann durch untreue oder unvorsichtige Vermögensverwaltung, aber auch durch Nachlässigkeit in der Sorge für die Person des Mündels entstehen.

Beispiel: Der Mündel wurde bei einem Unfalle verwundet. Der Vormund zieht einen Quacksalber zu Rate, durch dessen fehlerhafte Anordnung Blutvergiftung eintritt. Stand in diesem Falle die Hilfe eines tüchtigen Arztes zu Gebote, so ist der Vormund haftbar.

Nach der Eröffnung der Vormundschaft hat der Vormund das Vermögen des Mündels gewissenhaft zu verzeichnen und das Verzeichnis bei Gericht einzureichen.

Noch mehr als die Eltern eines ehelichen Kindes ist der Vormund in seiner Geschäftsführung beschränkt. Bei der verzinslichen Anlegung von Geld hat er die gesetzlichen Bestimmungen strenge zu beobachten. Mündelgeld darf nur angelegt werden: in sicheren, d. h. innerhalb der ersten Hälfte des Grundstückwertes stehenden Hypotheken, Grundschulden, Rentenschulden, in Schuldverschreibungen des Reiches oder eines Bundesstaates oder aber unter Gewährleistung des Reiches oder eines Bundesstaates, bei öffentlichen Sparkassen mit Sperrvermerk, in Schuldverschreibungen bayerischer Gemeinden einschließlich der Distrikts- und Kreisgemeinden, in Pfandbriefen der Bayerischen Hypotheken- und Wechselbank, der Süddeutschen Bodenkreditbank, der Bayerischen Handelsbank, der Bayerischen Vereinsbank, der Bayerischen Landwirtschaftsbank, sämtliche in München, der Vereinsbank in Nürnberg, der Pfälzischen Hypothekenbank in Ludwigshafen sowie in Kommunalobligationen der Bayerischen Landwirtschaftsbank und der Pfälzischen Hypothekenbank. Wertpapiere und Kostbarkeiten hat der Vormund bei der Hinterlegungsstelle des Vormundschaftsgerichtes zur Verwahrung abzugeben. Für viele wichtige Geschäfte hat er die Genehmigung des Vormundschaftsgerichts einzuholen; die einschlägigen gesetzlichen Bestimmungen sind in der Bestallung des Vormundes abgedruckt. Ist ein Gegenvormund bestellt, so ist für einen Teil dieser Geschäfte die Einwilligung des Gegenvormundes statt der Genehmigung des Vormundschaftsgerichtes notwendig.

Zu den Hauptpflichten des Vormundes gehört, daß er die Vormundschaftsrechnungen zu legen und bei Gericht zur Prüfung einzureichen hat. Bei Beendigung der Vormundschaft hat er dem Mündel das vormundschaftlich verwaltete Vermögen auszuantworten.

H. Zur Übernahme des Amtes eines Vormundes ist jeder Deutsche verpflichtet. Das Vormundschaftsgericht hat indessen bei der Auswahl des Vormundes etwa vorliegende gesetzliche Hindernisse, nämlich Ausschließungs- und Untauglichkeitsgründe zu berücksichtigen, von Unwürdigen oder sonst Ungeeigneten abzusehen und darf auch diejenigen, die sich auf einen gesetzlichen Ablehnungsgrund mit Fug und Recht berufen, nicht heranziehen. Hierüber siehe das 6. Kapitel.

Den Erwählten kann das Vormundschaftsgericht zur Übernahme der Vormundschaft durch Ordnungsstrafen bis zum Betrage von je 300 *M* anhalten. Darüber hinaus findet kein Zwang statt.

Der Vormund kann sein Amt nicht eigenmächtig niederlegen. Abgesehen von dem Falle, daß die Vormundschaft überhaupt endigt, bleibt er Vormund, bis er stirbt, entmündigt oder entlassen wird. Der Vormund kann seine Entlassung beantragen, wenn ein wichtiger Grund vorliegt; als solcher gilt auch der Eintritt einer Tatsache, die zur Ablehnung der Vormundschaft berechtigen würde, z. B. Eintritt in das 61. Lebensjahr, Wohnsitzverlegung in eine Ortschaft, die vom Vormundschaftsgericht weit entfernt ist. Gegen seinen Willen kann der Vormund entlassen werden, wenn die Fortführung des Amtes durch ihn den Mündel voraussichtlich in Schaden brächte; es ist nicht erforderlich, daß der Vormund eine Pflichtwidrigkeit begangen hat. Z. B. kann dauernder Widerstreit zwischen den Interessen des Vormundes und des Mündels die Entlassung rechtfertigen.

Eine Frau kann aus dem Amt des Vormundes ohne weiteres entlassen werden, wenn sie sich verehelicht. Sie ist zu entlassen, wenn ihr Mann die Zustimmung zur Fortführung der Vormundschaft versagt oder widerruft. Ebenso ist ein Beamter zu entlassen, wenn seine vorgesetzte Dienstbehörde der Weiterführung der Vormundschaft widerspricht. —

Was unter G. und H. vom Vormund gesagt ist, gilt in entsprechender Anwendung auch vom **Pfleger** und **Beistand**.

J. Dem Vorstand einer staatlich beaufsichtigten Erziehungs- oder Pflegeanstalt können die Rechte und Pflichten eines Vormunds der in die Anstalt aufgenommenen Minderjährigen übertragen werden (Anstaltsvormund). Diese Vormundsstellung ist bisher nur den Verwaltungskommissionen der Waisenhäuser in Landau i. Pf., Speyer und Zweibrücken verliehen worden.

Die Berufsvormundschaft kann in Bayern in zweifacher Form eingerichtet werden:

a) in der Weise, daß das Vormundschaftsgericht einen Gemeindebeamten zum Vormund für diejenigen Mündel bestellt, die unter der Aufsicht des Beamten in von ihm ausgewählten

Familien oder Anstalten erzogen werden, — bestellter Berufsvormund —, oder

b) dadurch, daß durch Gemeindesatzung alle oder einzelne Vormundsrechte über solche Minderjährige Gemeindebeamten zuerkannt werden, so daß sie der Bestellung durch das Gericht gar nicht bedürfen, — gesetzliche Berufsvormünder.

---

4. Kapitel.

Pflegschaft, Beistandschaft, Familienrat.

Bürgerliches Gesetzbuch §§ 1909—1921, 1795, 1796, 1630 Abs. 2, 1686; 1687—1695; 1858—1881. — Reichsgesetz über die Angelegenheiten der freiwilligen Gerichtsbarkeit § 49.

1. Während die Vormundschaft alle Angelegenheiten des Bevormundeten umfaßt, wird vom Vormundschaftsgericht eine Pflegschaft eröffnet und ein Pfleger bestellt, wenn nur für einen Teil der Angelegenheiten Fürsorge und Vertretung erforderlich wird. Der Pfleger vertritt den Pflegling für ein einzelnes Geschäft oder einen abgegrenzten Geschäftskreis.

Unter Pflegschaft können ebensowohl Minderjährige wie Volljährige stehen, Mündel wie auch der elterlichen Gewalt unterworfene Kinder.

2. Die Gründe einer Pflegschaft über Minderjährige sind verschieden: Vorübergehende Behinderung des Gewalthabers — Vater, Mutter — oder des Vormundes durch Krankheit oder Abwesenheit; Widerstreit der Interessen für einen bestimmten Kreis von Geschäften; Abschluß eines Geschäftes zwischen Mündel und Vormund, Kind und Gewalthaber oder zwischen dem Mündel und nahen Verwandten oder der Frau des Vormundes; Bestehen eines Schuldverhältnisses zwischen Vormund und Mündel; Führung eines Rechtsstreites gegen den eigenen Vater oder die eigene Mutter; Ausschluß der elterlichen Vermögensverwaltung kraft Anordnung des Zuwendenden; Verzögerung der Bestellung eines Vormundes.

Besonders häufig ist die Aufstellung eines Pflegers zur Vertretung eines Kindes bei der Auseinandersetzung mit dem Vater oder der Mutter, also bei der Teilung gemeinschaftlichen Vermögens. Ein solcher Pfleger heißt Teilungspfleger.

Beispiele von Pflegschaften:

Die Eltern lebten in vertragloser Ehe, die Mutter stirbt ohne eine letztwillige Verfügung errichtet zu haben und hinterläßt Vermögen. Auf grund des Gesetzes wird sie von ihrem Manne und ihren minderjährigen Kindern beerbt. Der Witwer will die Erbengemeinschaft mit den Kindern nicht fortsetzen, sondern abteilen. Die Kinder sind in den Teilungsverhandlungen durch einen Pfleger zu vertreten.

Des Vormunds Sohn will von dem Mündel ein Grundstück zu einem Hausbau kaufen. Bei diesem Kaufgeschäft darf der Vormund den Mündel nicht vertreten, auch wenn offensichtlich ist, daß der Käufer unter mehreren Bewerbern den höchsten Preis und die günstigsten Zahlungsbedingungen bietet. Dem Mündel ist ein Pfleger zu bestellen.

Ein 19 Jahre alter Student will seinen Vater auf Bereitstellung und Zahlung der weiteren notwendigen Studienkosten verklagen. Er bedarf zur Vertretung bei der Prozeßführung eines Pflegers.

J hat ihrem minderjährigen Neffen A ein Vermächtnis von 2000 *M* zugewendet und bestimmt, daß die Eltern des A von der Verwaltung ausgeschlossen sein sollen. Dem A ist ein Pfleger zu bestellen, der dieses Vermächtnis verwaltet, obwohl sein Vater noch lebt und zur Verwaltung tauglich ist.

3. Ferner erhalten einen Pfleger:

volljährige Abwesende für ihre Vermögensangelegenheiten, soweit diese der Fürsorge bedürfen,

eine Leibesfrucht zur Wahrung ihrer künftigen Rechte, wenn diese gefährdet erscheinen, insbesondere in Erbschaftsfällen, ebenso ein noch nicht erzeugter Nacherbe,

unbekannte Beteiligte zur Sicherung ihrer Besitz- und Anteilsrechte. Zu nennen sind auch der Nachlaßpfleger, der die Erbschaft verwaltet bis die Erben ermittelt sind und die Erbschaft angenommen haben, und der Nachlaßverwalter, der auch die Stellung eines Pflegers hat und ohne Rücksicht darauf, ob die Erbschaft angenommen ist oder nicht, die Verwaltung zum Zwecke der Befriedigung der Nachlaßgläubiger führt.

4. Endlich ist vorgesehen, daß volljährigen Gebrechlichen ein Pfleger beigegeben werden kann, gleichviel ob es sich um körperliche oder geistige Gebrechen handelt.

Ein körperlich Gebrechlicher, mag er taub, stumm, blind, taubstumm, gelähmt sein oder ein anderes ihn in der Besorgung seiner Angelegenheiten hinderndes körperliches Gebrechen haben, kann mit seiner Einwilligung einen Pfleger für einzelne Geschäfte oder für einen Kreis von Geschäften oder — abweichend von der Regel — für alle seine Geschäfte, also für seine Person und sein Vermögen, erhalten. Der Pfleger vertritt den körperlich Gebrechlichen; dieser kann aber — das ist wiederum eine Ausnahme von der Regel — selbst ebenso wirksam seine Geschäfte besorgen, ohne daß ihn der Pfleger hindern kann.

Beispiel: Dem A ist wegen Blindheit mit seiner Einwilligung ein Pfleger zur Verwaltung seines Hauses bestellt. Der Pfleger hat einem Mieter gekündigt, dieser wendet sich an A selbst und ersucht, ihn die Kündigung zurückzunehmen. Wenn A dem Mieter erklärt, daß er die Kündigung zurücknehme, muß sich der Pfleger dabei bescheiden.

Liegt ein geistiges Gebrechen irgend welcher Art vor (Wahn- oder Zwangsvorstellungen, Gemütsleiden, Minderwertigkeit, Mangel an Einsicht, Geistesschwäche beliebigen Grades, Geisteskrankheit), so kann dem Kranken für einen Teil seiner Angelegenheiten ein Pfleger beigegeben werden, nicht aber für alle Geschäfte. Wenn sich hingegen bei geistigen Gebrechen das Bedürfnis einer allgemeinen Fürsorge, also für die Person und das Vermögen des Gebrechlichen ergibt, so kann nur durch Entmündigung und Bestellung eines Vormundes geholfen werden.

5. Liegt der Fall vor, daß nach Maßgabe der vorstehenden Ziffern 2, 3, 4, jedoch außerhalb eines Nachlaßverfahrens ein Pfleger aufzustellen ist, so hat der Waisenrat dem Vormundschaftsgericht Anzeige zu machen. Damit soll er die Vorschlagung einer geeigneten Person verbinden. Ehe der Waisenrat für einen körperlich Gebrechlichen die Beigabe eines Pflegers anregt, wird er sich des ausdrücklichen Einverständnisses des Gebrechlichen versichern.

Tritt das Bedürfnis einer Pflegschaft wegen vorübergehender tatsächlicher oder rechtlicher Verhinderung des Gewalthabers oder Vormundes ein — siehe Ziffer 2 oben —, so hat auch der Gewalthaber oder Vormund dem Gericht Meldung zu machen. Die Meldepflicht des Waisenrates ist dadurch nicht aufgehoben. Beispiel: Für den Mündel soll in einer Zwangsenteignungssache eine unverschiebliche Erklärung vor dem Bezirksamt abgegeben werden. Der Vormund kann wegen vorübergehender Erkrankung das Geschäft nicht erledigen und läßt das dem Waisenrat sagen. Der Waisenrat ist verpflichtet, dem Vormundschaftsgericht die Verhinderung des Vormundes ohne Aufschub anzuzeigen, und schlägt hiebei den Pfleger vor.

6. Eine die elterliche Gewalt innehabende und ausübende Mutter, insbesondere eine verwitwete oder sonst alleinstehende Mutter kann mitunter ihren aus der elterlichen Gewalt entspringenden Pflichten allein nicht gerecht werden. Es fehlt ihr z. B. die nötige körperliche Kraft und Rüstigkeit oder die bei schwierigen Erziehungsaufgaben erforderliche Entschiedenheit und Strenge oder die zur Vermögensverwaltung nötige Erfahrung. Liegt ein solcher Fall vor, so hat der Waisenrat dem Vormundschaftsgericht Anzeige zu machen. Dieses bestellt der Mutter zum Besten des Kindes einen Beistand, sei es für einzelne Angelegenheiten, sei es für den ganzen Kreis der elterlichen Gewalt. Die Einwilligung der Mutter wird in solchen Fällen nicht erfordert, das Vormundschaftsgericht ordnet die Beistandschaft nach seinem Ermessen an, wenn nur besondere Gründe vorliegen und das Interesse des Kindes dadurch gefördert wird.

Der Waisenrat schlägt zweckmäßig bereits in der Anzeige einen zum Beistand geeigneten Mann vor, wenn nicht ein gesetzlich Berufener — ein vom Vater benannter oder einer der Großväter — vorhanden ist.

Einer alleinstehenden Mutter ist außerdem ein Beistand beizugeben, wenn sie dies selbst wünscht oder wenn ihr verstorbener Mann dies letztwillig angeordnet hat.

Der Beistand ist nicht gesetzlicher Vertreter des Kindes. Er hat die doppelte Aufgabe des Helfers und Wächters: er soll die Mutter bei der Erziehung und bei der Vermögensverwaltung durch Rat und Tat unterstützen und dabei ständige Überwachung üben. Ergibt sich die Notwendigkeit gerichtlichen Einschreitens, macht er dem Gericht Mitteilung. Die Anzeigepflicht des Waisenrates wird aber dadurch, daß ein Beistand bestellt ist, nicht aufgehoben.

In wichtigen Vermögensgeschäften ist der Beistand um seine Genehmigung anzugehen. Wird ihm, was nur mit Einwilligung der Mutter geschehen kann, die Vermögensverwaltung übertragen, so erhält er dadurch die Stellung des Vermögenspflegers und er vertritt alsdann das Kind in Vermögensangelegenheiten.

7. Das neue bürgerliche Recht kennt noch eine Einrichtung, die in diesem Zusammenhange zu erwähnen ist, den Familienrat. Er besteht aus dem Vormundschaftsrichter als Vorsitzenden und zwei bis sechs Beisitzern. Zwei der Beisitzer wählt das Vormundschaftsgericht nach Anhörung des Waisenrates. Der Familienrat ersetzt das Vormundschaftsgericht, nicht aber den Vormund. Von der Einrichtung kann nur Gebrauch gemacht werden, wenn ein

Vormund bestellt ist und die Eltern die Einsetzung eines Familienrates letztwillig angeordnet oder Verwandte des Mündels darauf angetragen haben. Die Einrichtung hat sich in Bayern nicht eingebürgert und eignet sich ihrer Schwerfälligkeit wegen nur für Mündel mit unübersichtlichem oder vielverzweigtem Vermögen.

5. Kapitel.

Die Tätigkeit des Vormundschaftsgerichts.

Jedes deutsche Amtsgericht ist Vormundschaftsgericht. Die Vormundschaft, Pflegschaft, Beistandschaft wird aber nicht immer bei dem Amtsgericht geführt, in dessen Bezirk Mündel, Pflegling oder Kind Wohnsitz oder Aufenthalt hat, und auch die sonstige Fürsorge für ein unter elterlicher Gewalt stehendes Kind wird nicht immer vom Gericht des Wohnortes des Kindes gehandhabt. Denn die Geschäftsführung kann nicht bei jeder Veränderung im Aufenthalt des Mündels oder Kindes an ein anderes Gericht übergehen. Die für eine Vormundschaft, Pflegschaft, Beistandschaft einmal begründete Zuständigkeit bleibt in der Regel bestehen; jedoch kann die Sache beim Vorliegen wichtiger Gründe von einem anderen Gericht zur Weiterführung übernommen werden.

Das Vormundschaftsgericht ordnet die Vormundschaft, Pflegschaft, Beistandschaft an und hebt sie auf, wählt die Vormünder, Gegenvormünder, Pfleger, Beistände unter Berücksichtigung des Vorschlags der Waisenräte, verpflichtet (bestellt) und entläßt sie, führt über sie die Aufsicht, zieht sie bei Pflichtverletzung zur Verantwortung und hält sie durch Weisungen oder Ordnungsstrafen zur Pflichterfüllung an. Es protokolliert die wichtigeren Verhandlungen, prüft das vom Vormund herzustellende Vermögensverzeichnis, bestimmt die Termine für die Rechnungsablage, kontrolliert die Vormundschafts- oder Pflegschaftsrechnungen und die dazu gehörigen Vermögensausweise, erläßt den Rechnungsbescheid, entscheidet über die dem Vormund oder Pfleger zu gewährende Vergütung und gibt dem Mündel bei Aufhebung der Vormundschaft Kenntnis über die gesamte vormundschaftliche Verwaltung. Das Vormundschaftsgericht geht den Vormündern, Pflegern und Beiständen mit Rat und Auskunft an die Hand, hört sie mündlich über alle bedeutenderen Angelegenheiten und Geschäfte, sichert das Vermögen des Mündels und trifft in den gesetzlich bestimmten Fällen die

Entscheidung. In mehreren wichtigen Fragen der Erziehung und der Vermögensverwaltung ist nämlich zu den Handlungen des Vormundes oder Pflegers die Genehmigung des Vormundschaftsgerichts erforderlich; nur beispielsweise sei genannt die Vereinbarung zwischen dem Vater und dem unehelichen Kinde über Unterhaltsgewährung oder Abfindung, die Verfügung des Vormundes über Grundstücke und hinterlegte Wertpapiere, der Abschluß eines Lehrvertrags, der Beginn oder die Auflösung eines Erwerbsgeschäftes des Mündels. Zur Aufgabe des Vormundschaftsgerichts gehört es auch, in wichtigen Dingen den Mündel selbst oder Verwandte zu hören, Zeugen und Sachverständige zu vernehmen, überhaupt Ermittlungen jeder Art vorzunehmen, Schätzungen zu veranlassen und Erziehungsberichte einzufordern. In dringenden Fällen, wenn nämlich ein Vormund noch nicht bestellt ist oder der Vormund an der Erfüllung seiner Pflichten verhindert ist, kann das Vormundschaftsgericht selbst die unverschieblichen Geschäfte für den Mündel erledigen und sogar Rechtsgeschäfte abschließen.

Gegen die Eltern als Gewalthaber ihrer Kinder schreitet das Vormundschaftsgericht ein, wenn dies zur Abwendung einer die Kinder bedrohenden Gefahr nötig ist, mag die Gesundheit oder das sittliche Wohl (Erziehung) oder das Vermögen eines Kindes gefährdet sein. Es sorgt dafür, daß die Anordnungen desjenigen, der einem Kinde Vermögen zugewendet hat, beachtet werden. Stirbt ein Elternteil, so hat der überlebende Ehegatte — Vater oder Mutter — das seiner Verwaltung unterliegende Kindesvermögen, das beim Tode des anderen Teiles vorhanden ist oder später dem Kinde zufällt, aufzuzeichnen und dieses Verzeichnis unter der Versicherung der Richtigkeit und Vollständigkeit dem Vormundschaftsgericht einzureichen, wobei indessen bei Haushaltsgegenständen die Angabe des Gesamtwertes genügt. Das Gericht prüft und verwahrt dieses Verzeichnis und kann nötigenfalls die Herstellung dieses Verzeichnisses dem Gerichtsschreiber oder einem Notariat übertragen. Will der überlebende Eheteil eine neue Ehe eingehen, so muß er dies dem Vormundschaftsgericht anzeigen; nach der Teilung des ihm und den Kindern gemeinschaftlichen Vermögens erhält er vom Vormundschaftsgericht das zur Eheschließung erforderliche Zeugnis.

Das Vormundschaftsgericht pflegt die Erhebungen über Gesuche um Volljährigkeitserklärung und gibt dazu eine gutachtliche Äußerung ab. In seiner Hand liegt die Anordnung der Zwangserziehung und der vorläufigen Unterbringung.

Es wird gehört bei der Bildung oder Veränderung der Waisenratsbezirke, erhält Bericht über Wahl, Ersatz und Amtseinweisung der Waisenräte, beruft diese zu Versammlungen, nimmt die Vorschläge, Anzeigen und Berichte der Waisenräte entgegen oder fordert sie ein, trägt den Waisenräten besondere Überwachung auf und geht ihnen an die Hand.

Das Gericht sammelt alle auf einen Mündel oder ein Kind bezüglichen Schriftstücke nach der Zeitfolge in einem Aktenheft und sorgt für Verwahrung der Akten. Diese tragen entweder das Aktenzeichen VV. = Vormundschafts-Verzeichnis, z. B. VV. 78/1910, oder wenn keine Vormundschaft, Pflegschaft oder Beistandschaft besteht, das Zeichen FGR. = Register für freiwillige Gerichtsbarkeit, z. B. FGR. 21/1909.

6. Kapitel.

Die Vorschlagspflicht des Waisenrats.

Bürgerl. Gesetzbuch §§ 1776—1788, 1849, 1792, 1915, 1916, 1694, 1887—1889. — Gesetz über die Angelegenheiten der freiwilligen Gerichtsbarkeit § 49. — Bayerisches Beamtengesetz Art. 18. — Reichsmilitärgesetz § 41.

Das Vormundschaftsgericht wählt den Vormund nach Anhörung des Waisenrates aus. Der Waisenrat hat dem Vormundschaftsgericht die Personen vorzuschlagen, die sich im einzelnen Falle dazu eignen.

Eine Auswahl findet nicht statt, also auch keine Vorschlagung, wenn eine taugliche Person vorhanden ist, die ein Recht auf das Amt des Vormundes hat und dieses Recht nicht aufgibt. Ein Recht auf die Vormundsstelle haben die zur Vormundschaft berufenen Personen, nämlich:

a) wer von dem Vater oder von der Mutter des ehelichen Mündels in einer gültigen letztwilligen Verfügung als Vormund ernannt worden ist; Voraussetzung ist, daß Vater oder Mutter beim Tode die elterliche Gewalt (s. Kapitel 2) besaßen; wenn die Ernennungen des Vaters und der Mutter nicht übereinstimmen, ist maßgebend, was der Vater bestimmt hat;

b) der väterliche Großvater des Mündels, aber nur wenn der Mündel und dessen Vater ehelich sind;

c) der mütterliche Großvater des Mündels, aber nur, wenn der Mündel ehelich ist, gleichviel ob seine Mutter ehelich oder unehelich war.

Die bezeichneten Personen sind in dieser Reihenfolge berufen; die Großväter kommen also nicht in Betracht, wenn Vater oder Mutter einen anderen als Vormund benannt haben. Der väterliche Großvater kommt vor dem mütterlichen daran. Diese Reihenfolge wird durch Ausnahmen durchbrochen, deren wichtigste folgende sind:

Wenn eine Ehefrau einen Vormund zu erhalten hat z. B. wegen Minderjährigkeit oder Geisteskrankheit, so kann das Gericht ihren Mann zum Vormund bestellen, ohne daß die Großväter widersprechen können; jedoch hat der Mann kein Recht darauf, Vormund zu werden. Ebenso kann das Gericht die Vormundschaft über ein uneheliches Kind seiner Mutter übertragen, ohne daß der Großvater — das uneheliche Kind hat nur einen Großvater im Sinne des Gesetzes, das ist der Vater der Mutter — sich über ungerechtfertigte Zurücksetzung beklagen kann; aber auch die Mutter des unehelichen Kindes hat kein Recht auf die Vormundstelle.

Die unter a—c bezeichneten Personen dürfen übergangen werden: wenn sie mit ihrer Übergehung einverstanden oder wenn sie zum Vormundsamt unfähig oder untauglich sind — s. Seite 24 — oder bei dauernder Verhinderung oder wenn sie in der Übernahme der Vormundschaft säumig sind oder wenn ihre Bestellung zum Vormund das Interesse des Mündels gefährden würde, also voraussichtlich dem Mündel schädlich wäre; ob dies zu besorgen ist, hat das Vormundschaftsgericht zu entscheiden.

Ist keine zum Vormundsamt berufene Person vorhanden oder aber ein Berufener nicht zu berücksichtigen, so kommt es zur Wahl des Vormundes auf Grund des Vorschlages. Zumeist wird das Vormundsschaftsgericht den Waisenrat zum Vorschlag oder zur Äußerung über den von anderer Seite gemachten Vorschlag auffordern. Hiezu ist jedes deutsche Gericht befugt. Nicht selten aber wird der Waisenrat von der Notwendigkeit, einen Vormund aufzustellen, eher Kenntnis haben als der Vormundschaftsrichter. In diesem Falle darf der Waisenrat die Aufforderung des Gerichts nicht erst abwarten, sondern muß unter Anzeige der Sachlage den Vorschlag ohne Aufforderung einreichen. Dabei kann er, soweit sein Wissen reicht, erwähnen, ob eine berufene Person vorhanden ist und übergangen sein will oder unfähig ist.

Beispiel: Die verwitwete Mutter stirbt und hinterläßt ihre Kinder als Waisen. Zur Verwaltung des Nachlasses und zur Obsorge für die Kinder ist ein Vormund schleunigst zu bestellen.

Der Waisenrat darf bei seinem Vorschlag nicht willkürlich verfahren, sondern hat dabei ebensowohl die gesetzlichen Bestimmungen zu beobachten als auch die Gesichtspunkte der Billigkeit und der Gerechtigkeit nicht außer Augen zu lassen.

Selbstverständlich schlägt der Waisenrat Personen, die zur Übernahme irgend einer Vormundschaft nach dem Gesetz unfähig und untauglich sind, niemals vor. Unfähig sind Kinder, Geistesgestörte, Entmündigte.

Untauglich ist:

a) wer minderjährig ist, also das 21. Lebensjahr noch nicht vollendet hat, es müßte denn sein, daß er für volljährig erklärt wurde,

b) wer unter vorläufige Vormundschaft gestellt ist,

c) wer wegen körperlicher Gebrechen für seine Person und sein Vermögen einen Pfleger erhalten oder aber wegen geistiger und körperlicher Gebrechen für sein Vermögen einen Pfleger bekommen hat;

d) wer in Konkurs geraten ist, bis zur gerichtlichen Aufhebung des Konkursverfahrens;

e) wer die bürgerlichen Ehrenrechte durch rechtskräftiges gerichtliches Urteil verloren hat; das Vormundsschaftsgericht kann eine Ausnahme für Eltern oder Großeltern bewilligen;

f) wer durch gültige letztwillige Verfügung des Vaters oder der Mutter eines ehelichen Mündels von der Vormundschaft ausgeschlossen ist.

Ungeeignet sind ferner Säufer, gewerbsmäßige Spieler, Wüstlinge, Zuchthäusler, Ehebrecher, gewerbsmäßige Wildschützen oder Schwärzer und ähnliche Leute von beharrlich unsittlicher oder gesetzwidriger Gesinnung.

Der Waisenrat wird sodann bei seinem Vorschlage zu berücksichtigen haben, daß eine Reihe von Personen die Vormundschaft ablehnen darf. Zur Ablehnung sind berechtigt:

a) eine Frau, ob ledig oder verehelicht oder verwitwet; eine verheiratete Frau soll nur Vormund sein, wenn und so lange ihr Mann damit einverstanden ist;

b) wer das 60. Lebensjahr vollendet hat;

c) wer mehr als 4 minderjährige leibliche eheliche Kinder hat; angenommene Kinder werden nicht gerechnet und nur die minderjährigen Kinder gezählt;

d) wer durch Krankheit oder Gebrechen verhindert ist, die Vormundschaft ordnungsgemäß zu führen; es kommt also auf die Art und den Grad der Krankheit einerseits und den Umfang sowie die Bedeutung der Geschäfte andererseits an. Wer z. B. mit Gicht so behaftet ist, daß er jeden Monat einige Tage das Bett hüten muß, wird kaum den Obliegenheiten eines Vormundes nachkommen können; hingegen wird der Gichtkranke, der alle Jahre nur einen Anfall durchzumachen hat, eine einfache Vormundschaft zu führen vermögen. Die Erfahrung lehrt, daß viele sich auf Krankheit berufen, um von der Last der Vormundschaft frei zu bleiben; gegenüber solchen Angaben ist daher einiges Mißtrauen am Platze;

e) wer in so großer Entfernung vom Sitze des Vormundschaftsgerichts wohnt, daß er die Vormundschaft nicht ohne besondere Belästigung führen kann; auf diesen Ablehnungsgrund kann sich nicht berufen, wer im Bezirke des Vormundschaftsgerichts oder im Umkreis von einigen Gehstunden wohnt;

f) wer vom Vormundschaftsgericht aus besonderen Gründen zur Sicherheitsleistung für das Mündelvermögen angehalten wird;

g) wer mit einem anderen zur gemeinschaftlichen Führung der Vormundschaft, also als Mitvormund, bestellt werden soll;

h) wer schon wenigstens zwei Vormundschaften oder zwei Pflegschaften führt; die Vormundschaft oder Pflegschaft über mehrere Geschwister — gleichviel ob sie ehelich oder unehelich sind — gilt als eine; zwei Gegenvormundschaften stehen einer Vormundschaft gleich;

i) Ausländer und Militärpersonen.

Darüber, ob ein gesetzlicher Ablehnungsgrund vorliegt oder nicht, entscheidet das Gericht, nicht der Waisenrat. Der Waisenrat muß aber die Ablehnungsgründe kennen, denn durch Vorschlagung eines Ablehnungsberechtigten, der voraussichtlich oder nach seiner Erklärung von diesem Rechte Gebrauch macht, entstehen nur schädliche Weiterungen. Der Waisenrat darf seinen Vorschlag auf einen Ablehnungsberechtigten lenken, wenn er sicher ist, daß dieser nicht ablehnt. Um sich darüber zu vergewissern, wird der Waisenrat wo es leicht möglich ist und keinen nennenswerten Aufschub verursacht, die in Aussicht genommene Person befragen, ob sie von ihrem Ablehnungsrecht Gebrauch machen will. Hingegen ist die vorherige

Befragung nicht ablehnungsberechtigter Personen entschieden zu widerraten. Der Waisenrat setzt dadurch sein eigenes Ansehen herab, macht sich unnötige Scherereien und begünstigt die falsche Meinung, bei der Vormundschaft handle es sich um ein freiwilliges Amt, das man auch schlecht versehen dürfe.

Der Waisenrat wird sodann berücksichtigen, daß derjenige, bei dem ein Ablehnungsgrund nach der Verpflichtung eintritt, seine Entlassung nehmen kann. Es empfiehlt sich daher nicht, einen Mann als Vormund vorzuschlagen, der das Amt ungern übernimmt und bereits 59 Jahre alt ist, oder eine Person, die damit umgeht, ihren Wohnsitz in einen vom Vormundschaftsgericht weit entfernten Bezirk zu verlegen.

Bayerische Beamte bedürfen zur Übernahme einer Vormundschaft der Erlaubnis der vorgesetzten Behörde nur, wenn damit eine Entlohnung, d. i. Vergütung verbunden ist. Allerdings kann die vorgesetzte Behörde jedem Beamten, gleichviel ob ihm eine Vergütung für die Führung der Vormundschaft zugesichert ist oder nicht, die Übernahme oder Fortführung der Vormundschaft aus dienstlichen Gründen verbieten. Allein um deswillen soll sich der Waisenrat, wenn er einen Beamten für die richtige Person hält, des beabsichtigten Vorschlages nicht enthalten, er mag es vielmehr darauf ankommen lassen, ob die vorgesetzte Behörde dazwischen tritt. Auch Geistliche und Lehrer können unbedenklich vorgeschlagen werden. Gendarmen und Grenzwachbeamte sind zwar nicht ablehnungsberechtigt, werden aber mit Rücksicht auf die besondere Art ihres Dienstes selten in der Lage sein, die Pflichten eines Vormundes zu erfüllen.

Innerhalb dieser Schranken hat der Waisenrat bei der Vorschlagung immer noch Richtlinien zu beobachten, nämlich die, ob der in Aussicht Genommene nach seinen persönlichen Verhältnissen, der Vermögenslage und sonstigen Umständen sich eignet und ob er das Religionsbekenntnis des Mündels teilt. Dabei sind Blutsverwandte oder Verschwägerte des Mündels vorzugsweise zu berücksichtigen. Der Waisenrat hat jeweils zu erwägen: Ist ein strenger, entschlossener, erfahrener Mann notwendig oder können geringere Anforderungen gestellt werden? Welcher Art sind die Aufgaben und Geschäfte des Vormundes? Welche Person bietet nach ihren Eigenschaften am meisten Gewähr für gewissenhafte und erfolgreiche Besorgung dieser Geschäfte? Ist ein Verwandter da, der diese Bedingungen erfüllt, so soll er den Vorzug haben; ebenso wer dem nämlichen Religionsbekenntnis angehört wie der Mündel. Ist aber

Jemand zur Verfügung, der der Aufgabe besser gewachsen ist als der Verwandte oder Religionsgenosse des Mündels, so darf und soll der Waisenrat über diesen hinweg zum Vorschlag der tauglichen Person schreiten. Verwandtschaft und Religion sichern also nicht unter allen Umständen den Vorzug. Verwandtschaft kann unter Umständen hinderlich sein, z. B. bei schweren Meinungsverschiedenheiten und Interessengegensätzen. Niemals hat der Verwandte ein Recht auf Übertragung der Vormundschaft, wenn er nicht zur Vormundschaft berufen ist (s. Seite 22). Der Vermögensbesitz spielt nur eine Rolle, wenn der Vormund ein nennenswertes Mündelvermögen zu verwalten hat. Da der Vormund dem Mündel für jeden von ihm durch Pflichtverletzung verschuldeten Schaden verantwortlich ist, gibt der Vermögensbesitz des Vormundes dem Mündel in dieser Hinsicht eine gewisse Sicherheit. Er ist aber keine Bürgschaft für Gewissenhaftigkeit, Uneigennützigkeit, Entschlossenheit, Pflichttreue. Diese sittlichen Eigenschaften sind ohne Rücksicht auf Bildung und Besitz verteilt und für das Amt des Vormundes in erster Linie nötig. Man kann wahrnehmen, daß Arme und Niedrige sich besser um Mündel und Pfleglinge annehmen, als Vermögende und Leute aus den sogenannten höheren Ständen. Es empfiehlt sich eine Person vorzuschlagen, die mit der Denk- und Anschauungsweise, in welcher der Mündel aufwächst, vertraut ist. Unter Umständen muß mehr Gewicht auf Kenntnisse und Erfahrungen gelegt werden, so wenn schwierige Vermögensgeschäfte abzuwickeln sind, in Erziehungsfragen hingegen mehr auf Charakterfestigkeit und sittliche Eigenschaften. Daß der Bereitwillige gegenüber dem Widerstrebenden bei sonst gleichen Verhältnissen den Vorzug verdient, ist zwar unbestreitbar, der Waisenrat soll aber auf ein Widerstreben nicht viel achten; denn wenn der Widerstrebende sonst tüchtig und pflichttreu ist, wird er der einmal übernommenen Pflicht gerecht werden. Von der Wahl der richtigen Persönlichkeit hängt für das sittliche und leibliche Wohl des Mündels außerordentlich viel ab. Der Waisenrat darf also die Auswahl und Vorschlagung nicht leicht nehmen.

Der Waisenrat wird sich sodann stets gegenwärtig halten, daß die Vormundschaft für den Vorgeschlagenen eine Last bedeutet und diese Last gerecht zu verteilen ist. Nichts in seiner Amtsführung gibt dem Waisenrat Gelegenheit, jedermann zu zeigen, daß er unparteiisch und gerecht ist, wie gerade die Ausübung des Vorschlags. Der Waisenrat wird also seine Verwandten, Nachbarn und Freunde, woferne sie tauglich sind, nicht schonen und, so lange tüchtige Leute zur Verfügung stehen, die noch gar keine Vormundschaft führen, nur aus ganz besonderen Gründen jemand, der schon Vormund ist, vorschlagen. Er wird auch keinen Stand und keinen Beruf ausnehmen, insbesondere soll er sich nicht scheuen, Personen in angesehener Stellung oder gelehrten Berufes in geeigneten Fällen vorzuschlagen. Für einfache Vormundschaften über uneheliche Kinder können jüngere Leute, wie z. B. solche, die erst vom Militärdienst nach Hause zurückgekehrt sind, ausgewählt werden.

Dem Waisenrat ist nicht verboten eine Person vorzuschlagen, die nicht in seinem Bezirk wohnt, vorausgesetzt, daß er sie kennt oder sich über ihre Eigenschaften genügend unterrichtet hat. Allein mit dieser Befugnis darf nicht Mißbrauch getrieben werden. Daß der Vormundschaftsrichter sich an ihn wendet, beweist dem Waisenrat wenigstens soviel, daß aus seinem Bezirk der Vormund genommen werden soll, wenn es leicht möglich ist und den Interessen des Mündels nicht zuwiderläuft. Der Waisenrat kann sich im allgemeinen nicht weigern, der Aufforderung des Gerichts zu entsprechen, er kann aber, wenn ihm seine Zuständigkeit zweifelhaft erscheint oder wenn er glaubt, daß das Gericht über den Wohnsitz und den Aufenthalt des Mündels nicht unterrichtet ist, dies dem Gericht vorstellen. Zweckmäßig wird damit für alle Fälle ein Vorschlag verbunden, damit unnötige Verzögerungen hintangehalten werden, wenn das Gericht der Vorstellung keine Beachtung schenken sollte.

Das Gericht kann in die Lage kommen, wiederholt um einen Vorschlag zu ersuchen, weil begründete Ablehnungen oder andere Umstände dazwischen traten. Nach Möglichkeit wird indessen das Gericht gemäß dem Vorschlage verfahren und nur unter ganz besonderen Verhältnissen davon abgehen; denn es ist Pflicht des Gerichts, das dienstliche Ansehen des Waisenrats zu wahren.

Wenn es die Umstände gestatten, kann sich der Waisenrat zum Nachdenken oder zur Wahl des Vorzuschlagenden ein paar Tage Zeit lassen. Dringliche Aufforderungen des Gerichts sind aber sofort zu beantworten. Der Waisenrat erleichtert sich die Aufgabe, wenn er sich eine Liste anlegt, in die er die tauglichen Personen seines Bezirks einträgt. Er kann diese Liste benützen, wenn nicht gerade ein Verwandter des Mündels zu bevorzugen ist.

Als Vormund eines unehelichen Kindes kann die Mutter vorgeschlagen werden, wenn sie nach ihrer Persönlichkeit Gewähr für gute Pflege und Erziehung bietet und hinreichende Erfahrung und Gewandtheit besitzt um die Interessen des Kindes nach jeder Richtung zu wahren. Einer unerfahrenen Mutter wird hingegen für ihr uneheliches Kind eine tüchtige Persönlichkeit als Vormund beigegeben werden müssen. Hat die Mutter mit mehreren Männern Umgang gepflogen oder strafbare Handlungen begangen, wird ein sittenstrenger Mann zu wählen sein, damit die Erziehung des Kindes nicht Schaden leidet. Im allgemeinen empfiehlt sich nicht, den Vater des unehelichen Kindes oder Verwandte desselben vorzuschlagen. Wenn jedoch die Unterhaltsfrage geordnet ist, etwa durch Zahlung einer angemessenen Abfindungssumme, oder die Gefahr, daß sich der Vater der Unterhaltspflicht entziehe, nicht besteht, kann eine Ausnahme gemacht werden, wofern der Vater sich sonst dazu eignet. Jedenfalls ist, wenn sich die Eltern eines unehelichen Kindes zur Vormundschaft drängen, besonders sorgfältige Prüfung geboten.

Was im Vorstehenden über Vorschlagung von Vormündern gesagt ist, gilt in entsprechender Anwendung für Gegenvormünder, Pfleger und Beistände. Jedoch hat niemand ein Recht auf die Vormundsstelle bei der vorläufigen Vormundschaft und ebensowenig auf die Stelle des Pflegers, wenn für eine unter elterlicher Gewalt oder unter Vormundschaft stehende Person ein Pfleger zu bestellen ist; s. 4. Kapitel Ziff. 2. Hat aber jemand einem Mündel oder Minderjährigen Vermögen zugewendet und dabei einen Pfleger benannt, muß dieser berücksichtigt werden.

---

7. Kapitel.

Die Überwachungspflicht.

Bürgerliches Gesetzbuch §§ 1850, 1675.

Der Gemeindewaisenrat hat in Unterstützung des Vormundschaftsgerichts darüber zu wachen, daß die Vormünder der sich in seinem Bezirk aufhaltenden Mündel für die Person der Mündel, insbesondere für ihre Erziehung und ihre körperliche Pflege pflichtmäßig Sorge tragen.

Die hiedurch verordnete Aufsicht des Waisenrats erstreckt sich auf alle Mündel, die sich in seinem Bezirk aufhalten, wobei es keinen Unterschied macht, ob der Aufenthalt von längerer oder kürzerer Dauer ist. Es kommt auch nicht darauf an, ob der Mündel in der Waisenliste eingetragen ist oder nicht; der Waisenrat bedenke, daß die Waisenliste ein unvollkommenes Hilfsmittel ist. Gleichgültig ist, wo der Vormund wohnt; der Waisenrat hat auch darauf zu achten, ob die außerhalb seines Bezirkes wohnenden Vormünder für die im Waisenratsbezirk befindlichen Mündel gehörig sorgen. Ebensowenig ist von Bedeutung, ob die Mutter des Mündels lebt und ihr Sorgerecht ausübt; daß dieses insbesondere der wiederverehelichten Mutter des ehelichen Kindes und der Mutter des unehelichen Kindes zukommt, ist bereits erwähnt.

Wie hat der Waisenrat die Überwachung zu üben? Überwachung ist fortgesetzte Anspannung, Beobachtung und Tätigkeit. Der Waisenrat hüte sich vor allem vor Lässigkeit. Er verfehlt sich gegen die gesetzliche Pflicht, wenn er wartet, bis er zufällig etwas über einen Mündel erfährt. Gewiß wird ihm manches durch Zufälle und durch gelegentliche Mitteilungen anderer offenbar, aber das darf nicht die Hauptquelle seines Wissens sein. Sein Amt verpflichtet ihn — und das ist eine seiner wichtigsten Pflichten — zu steter, lebendiger Fühlung mit den Mündeln, tätiger Nachschau, regelmäßigen Besuchen und ergänzender Erkundigung.

Das wirksamste und zweckmäßigste dieser Mittel, durch kein anderes zu ersetzen und daher unerläßlich, ist der Besuch der Mündel in angemessenen Zwischenräumen. Da sieht der Waisenrat nicht nur den Mündel selbst, sondern auch die Umgebung und die Verhältnisse, in denen er sich befindet. Er beobachtet, ob der Mündel guten oder schlechten Einflüssen unterworfen ist, ob die Unterkunft angemessen, die Nahrung genügend, Körper und Kleidung reinlich gehalten, ob die Gesundheit gefährdet, die Erziehung mangelhaft, die Beschäftigung ungeeignet ist, ob ferner der Vormund und die Erziehungs- oder Pflegeeltern die nötigen Fähigkeiten besitzen und bestrebt sind, ihrer Aufgabe gerecht zu werden. Hier kann der Waisenrat, ohne ernstlich zu belästigen, nicht nur den Mündel sondern auch die Pflegeeltern, Mitbewohner des Hauses oder Nachbarn hören, durch Fragestellung sich über alle wichtigen Dinge Auskunft verschaffen und mündlich durch freundschaftlichen Rat oder ernste Mahnung eingreifen, wie es die Umstände gebieten.

Im einzelnen soll der Waisenrat bei Besuchen und der gesamten Überwachung auf folgende Dinge achten:

A. Bei allen minderjährigen Mündeln jeder Altersstufe.

Ob Sinnesorgane — besonders Gesicht, Gehör — gesund? Ob körperliche Entwicklung regelmäßig? Worin Ursache zu suchen bei Entwicklungshemmungen? Ob Vernachlässigung? Durch bösen Willen oder Unerfahrenheit? Ob Fehler, Gebrechen, Krankheiten?

Werden diese ärztlich behandelt? Ist wenigstens ein Arzt gehört? Ob Heilung möglich und versucht? Anstaltsbehandlung? Ist für Ersatz durch künstliche Glieder oder Erleichterung (Krücken, Schienen, Brillen) gesorgt?

Ob körperliche Pflege vernachlässigt? Ob Körper und Kleidung frei von Ungeziefer? Ob sorgsame Pflege bei Erkrankungen? Rechtzeitig ärztlicher Beistand? Werden die Gesundheitsregeln beobachtet?

Ob hinreichende Nahrung? Ist der Nahrungsstand für die Zukunft gesichert? Kommen die Unterhaltspflichtigen ihrer Verbindlichkeit nach? Ist die Nahrung dem Alter und der Beschäftigung angemessen?

Ist entsprechendes Obdach vorhanden? Wie die Lagerstätte beschaffen? Genügend warm und groß? Ob Wohnraum und Lagerstätte geschützt gegen die Witterung, gegen Kälte, übergroße Hitze, Feuchtigkeit? Ob genügend Raum, Luft, Licht? Ob menschenwürdig? Ist das Bettzeug reinlich? Ob Mitbenützung des Bettes? Etwa durch alte kranke Person? Ob Trennung der Geschlechter bei Kindern über sieben Jahren? Schlafraum der Mädchen verschließbar? Sonst nicht zugänglich (Fenster, Übersteigen)? Besondere Feuersgefahr?

Wird der Mündel zu hart gehalten? Häufig grundlos gescholten oder gezüchtigt? Oder zurückgesetzt? Etwa mißhandelt, eingesperrt?

Wie Aufsicht beschaffen? Bei Tage, bei Nacht? Besteht Gefahr der Verwahrlosung? Ist die Pflegemutter, sind die Erziehungseltern zur Pflege und Erziehung geeignet? Nach ihrer Persönlichkeit und Vergangenheit? Sind schlimme Einflüsse ferngehalten? Schlechter Umgang? Wird böses Beispiel durch die Mutter, die Pflegeeltern, Wohnungs- oder Hausgenossen, Arbeitgeber, Nachbarn, Kameraden gegeben? Schlechte Reden, Lehren, Bücher? Besteht Neigung des Mündels zu Trunksucht, Müßiggang, Arbeitsscheu, Unzucht, zu einem sonstigen Laster? Zum Bettel? Wird er auf Bettelgänge mitgenommen?

Wird gute Sinnesrichtung gepflegt? Religiosität? Zu redlichem Verhalten angeleitet? Zu Achtung vor dem Gesetz?

Ist der Vormund tauglich? Erfordert es das Wohl des Mündels, daß er durch einen anderen ersetzt werde?

B. Je nach dem Alter treten außerdem besondere Gesichtspunkte in den Vordergrund.

Bei Säuglingen und kleinen Kindern: Haben sie die besonders nötige körperliche Pflege? Waschen, Baden, entsprechende Ernährung? Mitunter kann Veranlassung bestehen die Entkleidung des Kindes zu verlangen und den Körper zu besichtigen. Bei Kostkindern: Ist die polizeiliche Erlaubnis zum Halten des Kostkindes eingeholt? Ausweis darüber vorhanden?

Bei der Altersstufe von 1—6 Jahren: Ob Pflege und Behandlung liebevoll? Ob Gemütsbeziehungen zwischen Pflegemutter und Kind hergestellt sind? Oder Kind nur Pflegegegenstand und nur des Geldes wegen aufgenommen? Gefahr der Verkümmerung des Gemüts? Oder der Verkürzung des Unterhaltes? In diesem Falle ist besonders scharfe Ausforschung und Überwachung notwendig. Bestehen besondere Gefahren für Leben und Gesundheit? Wasserläufe, ungedeckte Brunnen, Gruben? Straße mit starkem Wagen- oder Automobilverkehr? Sind gefährliche Gewerbe- oder Fabrikbetriebe in der Nähe? In diesem Falle ist die Aufsicht zu verschärfen und durch häufige Belehrung nachzuhelfen. Hat das Kind Gelegenheit zum Spiel, hat es Umgang, Gesellschaft? Besucht es Kinderschule, Kinderbewahranstalt, Kindergarten?

Von 6—13 Jahren. Wie bei der vorigen Altersstufe. Außerdem: Ist der Schulbesuch regelmäßig? Wird das Kind zu angemessener Beschäftigung, z. B. zu kleinen Dienstleistungen herangezogen? Durch Anleitung auf die künftige Selbständigkeit vorbereitet? Andererseits nicht überanstrengt? Zeigen sich gröbere Charakterfehler? Bildungsunfähigkeit, geistige Minderwertigkeit? Halten Vormund und Pflegeeltern Fühlung mit dem Lehrer und der Schule? Wird Mündel zu religiös-sittlichem Verhalten angeleitet? Zum Besuch des Gottesdienstes? Schlechten Neigungen entgegengetreten? Umgang und Gesellschaft überwacht?

Von 13—17 Jahren. Die dieser Altersstufe angehörenden Mündel bedürfen besonderer Überwachung und Strenge, da sie der Gefahr, durch Verführung oder Vernachlässigung und falsche Erziehung auf Abwege zu geraten, am meisten ausgesetzt sind. Das beste Gegenmittel ist nächst der hauptsächlich dem Seelsorger obliegenden religiösen Einwirkung die Hinweisung auf ein praktisches Lebensziel (Berufserfolg) und vor allem angemessene, möglichst ständige Beschäftigung. Ob nach dem Austritt aus der Werktagsschule beaufsichtigt? Hinreichend und ehrbar beschäftigt? Zeigt sich Neigung zum Müßiggang oder Streunen? Werden schlechte Bücher und schlechte Kameraden ferngehalten? Hat der Mündel eine strafbare Handlung begangen? Sind Anzeichen geschlechtlicher

Verirrungen zu bemerken? Ist diesfalls Belehrung gegeben worden? Ist — je nach der körperlichen Entwicklung — dem Mädchen Belehrung erteilt über das Verhalten bei der Regel?

Ist für ehrbaren Umgang gesorgt? Für Spiel, gute Bücher, leichten Sport, Liebhaberkünste? Für Fortbildungsunterricht? Wird die Feiertagsschule regelmäßig besucht? Wird zu wahrer Religiosität angehalten? Ist die Berufswahl erwogen worden? Die Ausbildung in einem Beruf in Angriff genommen? Die Neigung des Mündels berücksichtigt? Die Gesundheitsverhältnisse in Rechnung gestellt? Ist der Sparsamkeitssinn geweckt und gepflegt worden? Ist Mündel in zu weicher Hand? Ist Wechsel der Beschäftigung, der Umgebung, des Wohnortes (Verpflanzung) heilsam oder notwendig?

Nach Vollendung des 17. Lebensjahres. In diesem Alter ist gewöhnlich entschieden, ob sich der Mündel auf der richtigen Lebensbahn befindet. Aber gute und schlimme Einflüsse wirken immer noch stark auf seine Charakterbildung ein. Daher Augenmerk: Mit wem verkehrt der Mündel? Wie beschäftigt er sich in der freien Zeit? Benützt er gute Bildungsmittel? Ist Veränderung geboten? Kommt der Mündel seinem Lebensziele näher? Wenn nicht, wie kann er dazu gebracht werden? Genügt ernste, aber wohlwollende Belehrung? Ist Mündel sparsam? Wie verwendet er Lohn oder Taschengeld? Kennt er die Gefahren unmäßigen Alkoholgenusses, der Unzucht und der Geschlechtskrankheiten, unnatürlicher Lebensweise?

C. Bei volljährigen Mündeln.

Rücksichtsvolle Pflege? Angemessene Ernährung? Schutz gegen Spott und Ärgernisse? Ist für gute Behandlung gesorgt? Auch für Zerstreuung und erlaubte Genüsse? Ist in allem die Menschenwürde gewahrt?

Ist Anstaltsbehandlung oder Anstaltsaufenthalt vorzuziehen? oder geboten?

Selbstverständlich hat der Waisenrat nicht bei jedem Mündel auf alle diese Einzelheiten zu achten. Die Umstände bestimmen, was er mehr und was er weniger ins Auge zu fassen hat. Weiß z. B. der Waisenrat, daß der Pflegevater den Schulbesuch des Mündels gewissenhaft überwacht, so kann er über diesen Punkt rascher hinweggehen als bei einem Mündel, dessen Erziehungsmutter ihre eigenen Kinder nicht zur Schule anhält. Bei scharfer Mitaufsicht tüchtiger Verwandter braucht der Waisenrat auf den Besuch und die Überwachung nicht soviel Zeit und Mühe zu verwenden wie bei einem alleinstehenden Kinde, dessen Verwandte in weiter Ferne weilen.

Doch ist dem Waisenrate zu empfehlen, alle Mündel in ihrer Wohnung zu besuchen, auch solche, die er wohl behütet und betreuet weiß. Denn der Waisenrat muß unparteiisch sein. Würde er nur diejenigen Mündel besuchen, die er gefährdet oder in weniger guten Händen glaubt, müßte sein Besuch als Beweis des Mißtrauens gelten. Dadurch würde er die Vormünder und Pflegeeltern kränken. Es ist also nicht rätlich darin einen Unterschied zu machen. Übrigens können auch Mündel aus wohlhabenden oder gebildeten Familien Aufsicht und Rat nötig haben. Daß gefährdete Mündel öfter zu besuchen sind als andere, ist selbstverständlich.

Auf dem Lande wird es bei sehr übersichtlichen Verhältnissen und geringer Zuwanderung im allgemeinen genügen jährlich einmal alle Mündel zu besuchen. In Städten, sowie in Landgemeinden mit rasch wechselnder Bevölkerung ist häufigere Nachschau geboten. In einzelnen Fällen kann es erforderlich sein, daß der Waisenrat den Besuch in kürzester Frist wiederholt und sogar am nämlichen Tage wiedererscheint um sich von der Sachlage, z. B. von der Befolgung einer Mahnung, von der Abwendung einer Gefahr zu überzeugen.

Der Waisenrat mache sich zur Richtschnur, mit dem Besuche der Mündel, die neu unter seine Aufsicht kommen, nicht lange zuzuwarten, also zugezogene Mündel bald nach der Ankunft, uneheliche Neugeborene in den ersten Lebensmonaten, zu Doppelwaisen gewordene Kinder in den ersten Wochen nach dem Ableben des Vaters oder der Mutter, unter Umständen sofort zu besuchen und sich mit ihrer Lage vertraut zu machen. Die Nachricht des Waisenrats des früheren Wohnorts über die Verlegung des Aufenthalts des Mündels gibt überdies zwingende Veranlassung in kurzer Frist nachzusehen, ob der angemeldete Mündel wirklich eingetroffen ist.

Auch die in Pflege- oder Erziehungsanstalten seines Bezirkes untergebrachten Mündel soll der Waisenrat besuchen.

Der Waisenrat wird zu seinen Besuchen, wo es möglich ist, den Vormund zuziehen. Eingriffe in dessen Rechte und Verantwortung vermeidet er, wo es immer ohne Schaden für den Mündel geschehen kann. Er bestrebt sich vielmehr den Vormund dem Mündel gegenüber und auch im Verkehr mit Dritten als den verantwortlichen Erzieher zu achten und zu behandeln und ebenso die ihrer mütterlichen Pflicht nachkommende Mutter eines Mündels.

Wenn nach seiner Ansicht eine Fürsorgetätigkeit zu entwickeln ist, macht er zunächst den Versuch, den Vormund oder die Mutter dazu zu bringen. Der Waisenrat ist nicht berufen an Stelle des Vormunds tätig zu sein, er darf den Vormund oder die Mutter nicht ausschalten; im Gegenteil soll er sie in ihrer Fürsorge unterstützen, zu richtiger und bei Lässigkeit zu größerer Aufmerksamkeit und Tätigkeit anhalten und anspornen, am besten durch wohlwollende Beratung. Um ein Bild zu gebrauchen: Vormund oder Vormund und Mutter zusammen müssen den Wagen ziehen; der Waisenrat folgt dem Wagen achtend, daß kein falscher oder gefährlicher Weg eingeschlagen werde, und gibt nur Nachhilfen.

Nichts wäre schädlicher, als wenn der Waisenrat bei seinen Besuchen oder bei anderen Gelegenheiten sich um des Vormunds Meinung nicht kümmern oder alles selbst ordnen und schlichten oder im Befehlstone Anordnungen geben wollte. Denn dadurch würde er dem Vormund jede Freude und Genugtuung an seinem Berufe vergällen und des Vormunds Pflichteifer ganz zerstören. Er behandelt den Vormund nicht von oben herunter, sondern bietet ihm Rat und Hilfe an und sucht ihn in seiner Verantwortung zu entlasten.

Es mag sein, daß einige Vormünder oder Familien bei diesen Besuchen des Waisenrats sich anfänglich verschlossen und abweisend verhalten. Der Waisenrat wird sich dadurch nicht beirren lassen. Wenn er in der schlichten Rolle des wohlwollenden Beobachters und fürsorglichen Beraters auftritt, nicht mit Amtsmiene und nicht im Amtstone, wenn er ruhig und sachlich spricht und handelt, auf die Verhältnisse des Mündels gründlich eingeht, wenn er als Jugend- und Menschenfreund echte und herzliche Teilnahme zeigt und als erfahrener Mann sachkundige Hinweise und gute Ratschläge gibt, wird das Widerstreben bald schwinden. Wenn er vollends keinen Unterschied zwischen hoch und niedrig, reich und arm macht, über zufällig beobachtete Dinge, die den Mündel nichts angehen, schweigen kann, jede unnötige Härte und Kritik vermeidet und in allem zeigt, daß nur die Fürsorge für den Mündel ihn antreibt und jede Nebenrücksicht fortfällt, muß sich ihm das Vertrauen der Beteiligten bald zuwenden. Und dieses Vertrauen ist der beste Schlüssel zu den Türen und zu den Herzen.

Höflich Wort findet einen guten Ort. Daher handelt der Waisenrat klug, der sich mit einer gewinnenden Wendung einführt, z. B. „Ich sehe voraus, daß ich bei Ihnen alles in Ordnung finde,

3*

aber es ist meine Pflicht den Mündel aufzusuchen, ich werde Sie nicht lange belästigen."

Unpassende Reden überhört der Waisenrat, es müßte denn sein, daß sie beharrlich böser Gesinnung entspringen. Übelwollenden begegnet er sachlich und ruhig, aber mit größter Entschiedenheit. In diesem Falle besinne er sich darauf, daß er Amtsperson ist, die Achtung verlangen kann. Nötigenfalls kann er sich polizeilicher Hilfe und Begleitung bedienen. Sollte ihm der Eintritt in die Wohnung des Mündels verwehrt werden, so kann er ihn mit Hilfe der Polizei und Gendarmerie erzwingen. Daß für den Besuch angemessene Tageszeiten zu wählen sind, bedarf nur dieser Hinweisung.

Sind in einer Gemeinde Waisenpflegerinnen angestellt, so kann statt des Waisenrats die Waisenpflegerin seines Bezirks die weiblichen Mündel und die im Kindesalter stehenden männlichen Mündel besuchen.

Außer den Besuchen gibt es manche Gelegenheit, die vom Gesetz vorgeschriebene Aufsicht zu üben.

Wenn der Waisenrat dem Mündel oder dem Vormund zufällig begegnet, mag Zeit und Ort zur Aussprache günstig sein. Oder der Waisenrat ersucht den Vormund, ihn zu begleiten, und stellt die nötigen Fragen. Er kann auch den Vormund in seine Wohnung bestellen. Ein anderes Mal beobachtet der Waisenrat den Mündel beim Spiel, beim Heimgehen von der Schule, im Gespräche mit Kameraden, bei der Arbeit, beim Gottesdienst. Oder aber der Waisenrat fordert Verwandte und Paten des Mündels zur Äußerung auf.

Seelsorger und Lehrer haben nicht nur Erfahrung und viel Gelegenheit zur Beobachtung in Erziehungsangelegenheiten, sondern sind auch an den Aufgaben des Jugendschutzes und der Jugendfürsorge hervorragend beteiligt. Mit ihnen unterhält daher ein pflichteifriger Waisenrat regen Verkehr. Zweckmäßig ist mündlicher Austausch der Erfahrungen und gegenseitige Beratung, besonders in schwierigen Fällen.

Häufig wird es von Nutzen sein, die Dienstherrschaft oder den Meister oder den Arbeitgeber eines Mündels über dessen Führung und Umgang zu befragen und um tätige Mitaufsicht zu ersuchen. Auskunft kann von Polizei- und Sicherheitsbeamten eingeholt werden, dabei ist aber unauffällig und mit besonderer Vorsicht zu Werke zu gehen.

Gewähren die Mitteilungen aller dieser Personen nicht genügend Einblick, so kann der Waisenrat auch andere Leute z. B. Freunde, Nachbarn des Mündels hören, oder, wenn der Mündel noch nicht lange in seinem Bezirke wohnt, den Waisenrat, in dessen Bezirk er sich früher aufhielt, um Auskunft und Ermittlungen ersuchen.

Bei solchen Forschungen soll der Waisenrat recht vorsichtig vorgehen. Beteiligte dürfen nicht unnötig gekränkt oder bloßgestellt werden und es muß auch der Schein vermieden werden, als wolle der Waisenrat der Polizei oder dem Strafrichter Hilfe leisten.

Das Ergebnis der Überwachung und Aufsicht kann so günstig sein, daß der Waisenrat weder gegenüber dem Mündel noch gegenüber dem Vormund oder einem sonstigen Erzieher eine Bemerknng zu machen braucht.

Oder aber es stellen sich kleinere Mängel heraus. In diesem Falle tritt der Waisenrat aus der Beobachtung und Ermittlung heraus und greift ein, teils mahnend, warnend, teils Rat und Hilfe anbietend und gewährend. Das Aufsichtsrecht des Waisenrats schließt die Befugnis in sich, sowohl dem Vormund und den Pflegeeltern als auch dem Mündel und seinen Angehörigen Mahnungen jeder Art zu erteilen, von der leichten Hinweisung bis zu den schärfsten Vorhalten und Warnungen. Je nach den Umständen und Personen wird der Waisenrat dasjenige Mittel anwenden, von dem er sich die beste Wirkung verspricht. Damit begnügt er sich indessen nicht, wenn er zur Abstellung des Mangels mithelfen kann. Er gibt Anleitung, was zu tun ist, zieht Nachbarn und Mitbürger heran, vermittelt die Hilfe von Verwandten, verwendet sich bei dem Meister oder Arbeitgeber, geht im Notfalle die Armenpflege oder Behörde um Beistand an. Bleibt bei kleineren Mängeln die Mahnung des Waisenrats erfolglos, so macht er dem Vormundschaftsgericht Anzeige. Siehe hierüber das 8. Kapitel, Seite 40.

Beispiel: Der Waisenrat bemerkt bei einem Besuche des Mündels, daß der Mündel eine Ohrenentzündung hat, und macht die Pflegeeltern auf die Notwendigkeit sofortigen ärztlichen Beistandes aufmerksam. Erklären sich die Pflegeeltern nicht bereit, unverzüglich den Arzt zu rufen, so erteilt der Waisenrat entsprechende Mahnung, indem er zugleich den Vormund verständigt. Der Waisenrat wacht aber auch über die Ausführung seiner Mahnung und erstattet dem Vormundschaftsgericht schleunigste Meldung, wenn die Pflegeeltern ihre Zusage nicht erfüllen, indem er dabei auch die Lässigkeit des Vormundes erwähnt.

Bedeutendere Mängel sowie Gefährdungen, die in Pflichtvergessenheit der Erzieher (Vormund, Eltern, Pflegeeltern) ihre Ursache haben, meldet der Waisenrat dem Gericht sofort, indem er gleichzeitig um Beseitigung der Gefahr bemüht ist und in sehr dringenden Fällen die Hilfe der Polizei in Anspruch nimmt.

Beispiel: Der Waisenrat nimmt wahr, daß die Pflege eines geisteskranken Mündels vernachlässigt wird, seit eine widrige körperliche Krankheit hinzutrat. Er macht Anzeige beim Vormundschaftsgericht, erinnert den Vormund an seine Pflicht und verwendet sich gleichzeitig, da nach seiner Ansicht auf andere Weise nicht geholfen werden kann, bei der Ortspolizeibehörde und Armenpflege um Aufnahme des Mündels in ein Krankenhaus oder in eine Anstalt.

Die Überwachungspflicht des Waisenrats erstreckt sich im allgemeinen nur auf Mündel, nicht auf Kinder, die unter elterlicher Gewalt stehen. Hinsichtlich dieser hat er zwar Meldung zu machen, wenn er etwas erfährt, was das Einschreiten des Vormundschaftsgerichts nötig macht, aber er hat nicht fortgesetzt aufzupassen und darf insbesondere die regelmäßigen Besuche nicht auf die unter elterlicher Gewalt stehenden Kinder ausdehnen. Doch gibt es Ausnahmen. Der Waisenrat hat nämlich die der Zwangserziehung unterstellten Kinder ganz besonders sorgfältig zu überwachen, auch wenn ihre Eltern noch leben; siehe das 10. Kapitel. Ferner hat er aus besonderem Auftrage des Gerichts einzelne namentlich bezeichnete, unter elterlicher Gewalt stehende Kinder fortgesetzt zu beaufsichtigen. Es sind dies meist gefährdete Kinder, die nicht sofort weggenommen werden können, oder angehende Taugenichtse, denen die Zwangserziehung angedroht wurde, oder straffällige Jugendliche, denen eine Bewährungsfrist zu dem Zwecke bewilligt ist, daß sie sich durch gute Führung den Erlaß der Strafe verdienen.

Auch ohne gerichtliche Anordnung wird der Waisenrat nicht selten veranlaßt sein, unter elterlicher Gewalt stehende Kinder zu überwachen, wenn er sich nämlich unklaren Verhältnissen gegenüber befindet, die er erst ergründen will.

Beispiel: Der Waisenrat hat von einer wenig glaubwürdigen Person gehört, eine Witwe gestatte ihrer 16jährigen Tochter nachts unbeaufsichtigt und in übelbeleumundeter Gesellschaft in den Ortsstraßen umherzuziehen. Weitere Zeugen oder Beweise sind nicht vorhanden. Der Waisenrat nimmt das Tun und Treiben des Mädchens unter besondere Beobachtung, um herauszubringen, ob an der Beschuldigung, der er vorerst keinen Glauben schenken kann, doch etwas Wahres ist.

Ob die Aufsicht milder oder schärfer zu handhaben ist, bestimmt sich durch die Umstände. Besonders sorgfältige Überwachung und Aufmerksamkeit ist den Mündeln zuzuwenden, die weniger tüchtige Vormünder oder Pflegeeltern haben. Die Erzieher sind nicht alle gleich einsichtig, gewissenhaft und erfahren. Was ihnen hierin mangelt, soll der Waisenrat durch doppelte Wachsamkeit und verstärkte Einwirkung auf den Vormund und auf den Mündel ersetzen.

Eine Mutter, die mehrfach unehelich geboren und mit mehreren Männern Umgang gehabt hat, wird bis zum Beweise des Gegenteils nicht als vertrauenswürdige Erzieherin gelten können. Dem jugendlichen Dienstboten, der sich zu einer lässigen oder wenig ehrenhaften Familie verdungen hat, wird der Waisenrat mehr Augenmerk schenken als dem Dienstboten einer sittenstrengen und an der Überwachung tätig mitwirkenden Herrschaft. Schärferer Beobachtung bedarf ein straffällig gewordener Mündel als einer mit beharrlich guter Sinnesrichtung und tadelloser Vergangenheit. Ein in der Hausindustrie beschäftigtes armes Mädchen ist größeren Gesundheitsgefahren (Überanstrengung) ausgesetzt als die bei wohlhabenden Verwandten wie ein eigenes Kind gehaltene Doppelwaise.

Günstiger liegen die Verhältnisse, wenn ein pflichteifriger Vormund den Mündel bei sich hat oder doch in derselben Ortschaft wohnt, als wenn der Wohnsitz des Vormunds von dem des Mündels verschieden ist. Schon eine Entfernung von 5—10 km ist geeignet, dem Vormund die Beaufsichtigung des Mündels beträchtlich zu erschweren; der Waisenrat sucht die daraus entspringenden Nachteile durch verschärfte Wachsamkeit zu beseitigen.

Schwierig, aber höchst dankbar und nicht zu unterlassen ist die Überwachung der Mündel und überhaupt der Minderjährigen, die keinen festen Wohnsitz haben sondern umherziehen, sei es daß sie allein stehen oder wandernden Familien angehören. Fahrendes Volk hat meist leichtere Sitten. Auch Mängel der Ernährung und der körperlichen Pflege, sonstige Gesundheitsgefahren und Vernachlässigung des Schulbesuchs sind bei Nichtseßhaften häufiger wahrzunehmen. Der Waisenrat hat deshalb Veranlassung, Kinder, die mit ihren Eltern umherziehen, nicht bloß wandernde Mündel, scharf ins Auge zu fassen; denn das Umherziehen bedeutet für Kinder eine Gefahr und erschwert überdies das Eingreifen der Behörden. Das gleiche gilt von Burschen und Mädchen, die häufig den Arbeitsplatz oder den Wohnort wechseln.

Wo Berufsvormundschaft eingerichtet ist, verändert sich die Überwachungspflicht des Waisenrats in die Pflicht, den Berufsvormund (Gemeindebeamten) in seiner Amtsübung zu unterstützen.

Ausländer, die Mündel sind, unterstehen in beschränktem Maße der Überwachung des Waisenrats, wenn nämlich das inländische Gericht seine Fürsorge darauf erstreckt. Der Waisenrat erhält hierüber besondere Nachricht; diese kann auch in einer Mitteilung zur Waisenliste bestehen. Zwischen reichsdeutschen und österreichischen Gerichten wird die gegenseitige Mündelfürsorge bereitwillig geübt.

Ebenso kann über Kinder, die unter elterlicher Gewalt stehen und die deutsche Reichsangehörigkeit nicht besitzen, besondere Überwachung vom deutschen Vormundschaftsgericht aufgetragen werden.

Dem Waisenrat ist aber nicht verwehrt, darüber hinaus sich um jeden schutzbedürftigen ausländischen Mündel oder Jugendlichen anzunehmen, insbesondere die vorläufige Hilfeleistung der Polizei anzurufen. Im Haager Abkommen, einer von den meisten Staaten Europas getroffenen Vereinbarung, ist vorgesehen, daß, solange die Vormundschaft nicht angeordnet ist, sowie in allen dringenden Fällen die zuständigen Ortsbehörden die Maßregeln treffen können, die zum Schutze der Person und Interessen eines minderjährigen Ausländers erforderlich sind. Hiebei mitzuwirken gereicht dem Waisenrat zur Ehre. Daß die Ausländer deutscher Zunge besonders eifrigen Schutz erwarten dürfen, ergibt sich aus ihrer Zugehörigkeit zu unserem Volkstum.

Was in diesem Kapitel hinsichtlich der „Mündel“ gesagt ist, gilt auch für Pfleglinge, wenn dem Pfleger die Sorge für die Person, d. i. das Erziehungsrecht, zusteht.

---

8. Kapitel.

Die Anzeigepflicht des Waisenrats.

Bürgerliches Gesetzbuch §§ 1850, 1675, 1635, 1638—1645, 1647, 1653, 1665—1671, 1687 Ziff. 3. — Reichsgesetz über die Angelegenheiten der freiwilligen Gerichtsbarkeit § 49.

A.

Der Waisenrat hat dem Vormundschaftsgericht Mängel und Pflichtwidrigkeiten anzuzeigen, die er in Ansehung der Fürsorge für die Person der in seinem Bezirk befindlichen

Mündel wahrnimmt, insbesondere Mängel der Erziehung und der körperlichen Pflege.

Völlig gleichgültig ist, bei welcher Gelegenheit der Waisenrat die Wahrnehmung gemacht hat, ob bei seinen regelmäßigen Besuchen in der Wohnung und Arbeitsstätte der Mündel oder bei einer zufälligen Begegnung, ferner ob der Waisenrat von anderen auf die Sache aufmerksam gemacht wurde oder nicht.

Gegenstand der Anzeige ist nach den Worten des Gesetzes, was der Waisenrat selbst wahrnimmt. Das besagt, daß er nicht auf eine unbeglaubigte Mitteilung hin dem Gericht Meldung machen soll, sondern, daß er möglichst erst mit eigenen Augen sehen und mit eigenen Ohren hören und sich eine eigene Meinung darüber bilden soll, wenn nicht gerade Gefahr in Verzug ist. Ohne Bedeutung ist, ob Erziehungsmängel und Pflegemängel von jemand verschuldet sind oder nicht.

Pflichtwidrigkeiten bei der Pflege und Erziehung kann sich nicht nur der Vormund, sondern auch die Mutter eines Mündels zu schulden kommen lassen. Es ist im 2. und 3. Kapitel dargelegt worden, daß der leiblichen Mutter eines Mündels — besonders die wiederverehelichte Mutter eines ehelichen Kindes und die Mutter eines unehelichen Kindes kommen hier in Betracht — regelmäßig das Erziehungsrecht (Sorge für die Person) zukommt und in diesem Falle der Vormund nur die rechtliche Stellung eines Beistandes, d. i. eines Beraters und Wächters hat. Der Vormund ist gehalten, Pflichtwidrigkeiten der Mutter zu verhüten und allenfalls dem Gericht anzuzeigen; er begeht selbst eine Pflichtwidrigkeit, wenn er das unterläßt.

Anzuzeigen sind nicht nur Vorkommnisse, sondern auch Unterlassungen, Versäumnisse, Unfähigkeit. Ein Vormund oder Pflegevater kann im Laufe der Zeit ungeeignet werden; er war oder schien früher ordentlich, führt aber jetzt einen schlechten Lebenswandel, ist z. B. ein Ehebrecher, Trunkenbold geworden oder hat eine schwerere strafbare Handlung vorsätzlich begangen, z. B. Urkundenfälschung, Betrug, Diebstahl, oder bekennt sich zu Anschauungen, die sich mit der Aufgabe des Erziehers nicht vertragen, z. B. über Erlaubtsein der Lüge, des Betrugs, des schrankenlosen Geschlechtsgenusses.

Der Waisenrat wird überhaupt Anzeige erstatten, wenn er es mit Rücksicht auf das Wohl des Mündels für besser hält, daß ein anderer als Vormund aufgestellt werde, also auch wenn dem Vormund eine Pflichtwidrigkeit nicht zur Last fällt, z. B. wenn der Vormund durch Krankheit verhindert ist sich dem Mündel zu widmen, oder wenn der heranwachsende Mündel kein Vertrauen zum Vormund oder keine Achtung vor ihm hat.

Vielen kleineren Mängeln kann der Waisenrat, wie im vorausgehenden Kapitel dargelegt ist, durch zweckentsprechendes Eingreifen, häufig schon durch Mahnung oder Warnung selbst abhelfen. Die Anzeige solcher bereits beseitigter Mängel wäre zwecklos. Andere kleine Mängel, z. B. Schattenseiten einer Wohnung, müssen mitunter ertragen werden, wenn ihr Einfluß auf die Gesundheit oder die sittliche Entwicklung des Mündels verschwindend gering ist und nicht lange Zeit fortdauert. Ebenso muß nicht jede geringe Pflichtwidrigkeit des Vormunds oder der erziehungsberechtigten Mutter des Mündels sofort zur Kenntnis des Gerichts gebracht werden. Zu den Obliegenheiten des Vormundes gehört z. B. sich von Zeit zu Zeit zu vergewissern, ob der schulpflichtige Mündel den Gottesdienst und die Schule regelmäßig besucht. Versäumt dies der Vormund, so genügt fürs Erste, wenn nicht andere erschwerende Umstände hinzutreten, daß der Waisenrat den Vormund an diese Pflicht erinnert. Hingegen schreitet der Waisenrat zur Anzeige, wenn der Vormund diese Mahnung mißachtet oder sich noch weiterer Nachlässigkeiten schuldig gemacht hat. Die Entscheidung darüber, was anzuzeigen und was auf andere Weise zu schlichten und zu richten ist, muß dem verständigen Urteil des Waisenrates überlassen sein. Jedenfalls sind grobe Vernachlässigungen und erhebliche Gefährdungen ohne Aufschub anzuzeigen. Bei ganz dringender Gefahr ist zugleich die Polizeibehörde um Hilfe anzugehen.

Beispiel: Eine 17jährige Doppelwaise ist Dienstbote bei einem Wirte. Als dessen Frau stirbt, verwendet er den Mündel zur Bedienung der Gäste bis in die späte Nacht, ohne selbst gehörig Aufsicht zu führen. In der Wirtschaft verkehren Burschen, die es auf die Verführung des Mädchens abgesehen haben und in seiner Gegenwart unzüchtige Reden führen. In diesem Falle wird der Waisenrat, sobald er sich von der Sachlage überzeugt hat, ohne Verzug dem Vormundschaftsrichter Mitteilung machen, er wird nicht abwarten, ob der Vormund den Mündel aus dem Hause und aus der Gefahr wegholt. Zugleich wird er aber auf den Vormund und auf den Mündel entsprechend einwirken und mit dem Pfarramt oder der Polizeibehörde ins Benehmen treten.

Als feste Regel präge sich der Waisenrat ein, daß er sich im Zweifelsfalle für die Anzeigeerstattung zu entscheiden hat; denn es ist besser, daß zehn nicht notwendige Mitteilungen gemacht werden, als daß eine einzige nützliche, geschweige denn eine notwendige Anzeige unterbleibt.

Mit der Anzeige läßt sich häufig eine gutachtliche Äußerung verbinden. Dem Gerichte ist erwünscht, zu erfahren, welche Maßregeln der Waisenrat, der die Persönlichkeiten kennt und ständigen Einblick in die Verhältnisse hat, für notwendig oder ausreichend erachtet. Dem Berichte über die Nachlässigkeit eines Vormundes wird z. B. der Waisenrat zweckmäßig beifügen, ob er eine Vorladung und gerichtliche Ermahnung des Vormundes oder seine Entlassung begutachtet; er wird die Entlassung empfehlen, wenn bei der Sinnesrichtung des Vormunds Ermahnungen voraussichtlich nichts nützen, und dies als Grund anführen.

Die Anzeigen sollen so beschaffen sein, daß das Gericht auf Grund derselben die Sachlage überblicken und möglichst die erforderlichen Anordnungen treffen kann. Ein Bericht: „Der Vormund N ist sehr nachlässig" genügt nicht. Das Gericht muß die Tatsachen kennen, aus denen die Nachlässigkeit des Vormunds hervorgeht, und die Beweismittel wissen, insbesondere, ob der Waisenrat das Angezeigte selbst gesehen oder beobachtet hat oder wer es bezeugen kann. Der Bericht müßte ungefähr so lauten: „Der Fuhrmann O ist seit . . . Jahren Vormund des 15jährigen Fabrikarbeiters Z in . . . ., hat aber seinen Mündel noch nicht besucht oder gesehen, obwohl seine Wohnung von der des Mündels nur 3 km entfernt ist. Der Mündel Z und seine Großmutter J, bei der er wohnt, haben mir dies bestätigt. Der Arbeitgeber, Fabrikant P in . . . . und der Lehrer A erklärten mir gestern, daß sich Vormund O noch niemals über die Führung des Mündels und über den Schulbesuch erkundigt habe. Der Mündel kennt den Vormund O gar nicht; er traut sich nicht, den Vormund ohne Aufforderung zu besuchen. Da Vormund O nicht in meinem Bezirke wohnt und ich ihm seit langer Zeit nicht begegnete, konnte ich ihn nicht zur Rede stellen."

B.

Das Gesetz verpflichtet sodann den Waisenrat, dem Vormundschaftsgericht Anzeige zu machen, wenn er von einer Gefährdung des **Vermögens** des **Mündels** Kenntnis erlangt.

Auch hier trifft zu, daß es gleichgültig ist, wie und aus welcher Quelle der Waisenrat die Vermögensgefährdung erfährt.

Während er aber verpflichtet ist, über die Sorge für die Person der Mündel, kurz gesagt, über deren Erziehung fortgesetzt zu wachen und ständig Aufsicht zu führen, kommt es ihm nicht zu, die Vermögensverwaltung der Vormünder zu beaufsichtigen. Der Waisenrat ist also nicht gehalten, aufzupassen ob ein Vormund das Vermögen des Mündels richtig verwaltet, und darf dem Vormund in die Vermögensverwaltung nichts darein reden. Sobald er aber irgendwie erfährt, daß das Vermögen gefährdet ist, muß er sich seiner Anzeigepflicht erinnern und ihr mit größter Beschleunigung ohne jeden Aufschub nachkommen, unter Umständen mittelst des Telephons oder des Telegraphen. Denn es kann auf Minuten ankommen, ob das Eingreifen des Vormundschaftsgerichts noch Erfolg hat, also die Gefahr vom Mündel abgewendet wird. Nach der Anzeigeerstattung darf sich der Waisenrat auch darum bemühen, den Vormund von einer beabsichtigten Verwaltungsmaßregel abzubringen, oder ihn auf die schlimmen Pläne anderer aufmerksam zu machen, aber nur mit dem Rechte, das jeder wahre Freund des Vormunds oder des Mündels hat.

Der Waisenrat darf sich bei Vermögensgefährdungen nicht mit Ermittlungen und Forschungen aufhalten, sondern muß sogar Nachrichten, an deren Richtigkeit man zweifeln kann, zur Kenntnis des Vormundschaftsgerichts bringen. Um den Vormund nicht ungebührlich zu verdächtigen, wird er beifügen, ob und in welchem Grade die Nachricht glaubwürdig ist, oder aber bemerken, daß er sich darüber, ob die Nachricht Glauben verdiene, nicht äußern könne.

Fehlerhaft wäre es, wenn sich der Waisenrat von der Anzeige dadurch abhalten ließe, daß er glaubt, ein schadenbringendes Geschäft nicht mehr verhindern zu können. Die Anzeige ist in solchen Fällen immer noch wertvoll und darf daher nicht unterlassen werden. Das Gericht versagt z. B. auf die Darlegungen des Waisenrats zu einem Geschäfte seine Genehmigung oder sorgt für die Anfechtung des Vertrags oder wahrt dem Mündel die Schadensersatzansprüche. Selbst wenn der Schaden wirklich nicht mehr gut zu machen wäre, würde das Gericht wenigstens wissen, was es von der Tätigkeit und den Fähigkeiten des Vormundes zu halten hat.

Es ist nicht von Belang, ob die Vermögensgefährdung durch Unwissenheit und Unerfahrenheit des Vormundes oder durch Unredlichkeit desselben oder durch einen anderen verursacht ist.

Unwissenheit und Nachlässigkeit des Vormundes können z. B. dazu führen, daß er Geld des Mündels in einer gesetzlich verbotenen Weise anlegt, daß er Geld und Kostbarkeiten nicht gehörig verwahrt, daß er sich bei einem Geschäft übervorteilen läßt, z. B. ein wertvolles Altertum, einen Waldbestand um einen ungewöhnlich billigen Preis verkauft, daß er bei seiner Verwaltung auf falsche Ziele lossteuert, kostspielige Neuerungen, die sich nicht bewähren, einführt, z. B. Wiesen des Mündels mit großen Kosten und ohne Aussicht auf größere Rentabilität in Ackerfeld umwandeln will, daß er Rechte des Mündels unverteidigt preis gibt oder verjähren läßt, z. B. Ansprüche auf Unfall-, Invalidenrente, auf Schadenersatz nicht verfolgt, daß er Schutzmaßregeln und ähnliche Vorkehrungen (Feuerversicherung, Blitzableitung) versäumt, einen aussichtsreichen Prozeß nicht führen will, wertvolle Zugeständnisse ohne Gegenleistung macht.

Auch Unredlichkeit nimmt mehrfache Formen an, z. B. Unterschlagungen von Mündelgeld zum eigenen Nutzen, Bestechung durch einen Vertragsgegner, — z. B. der Vormund verkauft eine auf den Mündel vererbte Briefmarkensammlung wider besseres Wissen unter dem Preise und erhält zur Belohnung seiner Untreue einen Teil des Preisunterschieds —, Zuwendung von Vorteilen an Verwandte oder Freunde des Vormunds auf Kosten des Mündels — der Vormund gibt ein gewinnbringendes Ladengeschäft des Mündels auf, damit sein Freund und Geldgeber ein solches eröffnen und die Kundschaft an sich ziehen kann —.

Es ist möglich, daß ein anderer ohne Wissen des Vormundes Mündelvermögen an sich reißen will, sei es durch eine strafbare Handlung (Raub, Diebstahl, Betrug, Urkundenfälschung), sei es durch anderweitige unehrenhafte Unternehmungen, oder sonstwie das Mündelvermögen gefährdet z. B. durch Verwahrlosung eines Gutes, auf dem der Mündel eine Hypothek hat, durch einen gefahrbringenden Bau oder Betrieb in der Nachbarschaft des dem Mündel gehörigen Anwesens.

C.

Erlangt der Waisenrat von einem Falle Kenntnis, in welchem ein Vormund, ein Gegenvormund oder ein Pfleger zu bestellen ist, so hat er dem Vormundschaftsgericht Anzeige zu machen. Zugleich soll er die Person vorschlagen, die sich zum Vormund, Gegenvormund oder Pfleger eignet.

Diese Vorschrift des Gesetzes bezieht sich sowohl auf Mündel — volljährige und minderjährige —, als auch auf Kinder, die unter elterlicher Gewalt stehen, und kommt hauptsächlich bei dem

Wegfall oder bei Verhinderungen des bisherigen Gewalthabers, Vormunds, Gegenvormunds, Pflegers zur Anwendung.

Hauptfälle sind:

a) Die elterliche Gewalt erlischt oder kann nicht ausgeübt werden.

Die Formen dieses Vorganges sind vielfach; die wichtigeren sollen genannt sein.

Der Vater, der die elterliche Gewalt innehatte und ausübte, stirbt, die Mutter ist im Tode vorausgegangen.

Der Vater hat die elterliche Gewalt inne und übte sie bisher aus, nunmehr kommt sie zum Ruhen; s. Kapitel 2. Die Mutter ist vorher gestorben. Beispiel: Der Vater, sei er verwitwet oder wiederverehelicht, wird wegen Trunksucht entmündigt.

Der Vater hatte bisher die elterliche Gewalt inne, übte sie aus und stirbt. Die Mutter ist von der elterlichen Gewalt ausgeschlossen. Beispiel: Die nun verwitwete Mutter ist geisteskrank.

Der Vater hatte bisher die elterliche Gewalt inne und übte sie bisher aus, nunmehr kommt sie zum Ruhen; die Mutter ist zur Ausübung unfähig. Beispiel: Der Vater tritt eine Zuchthausstrafe an, die Mutter ist verschollen oder entmündigt.

Der Vater war bisher Inhaber der Gewalt, konnte sie aber nicht ausüben, die Mutter stirbt oder wird unfähig zur Ausübung. Beispiel: Der Vater war ausgewandert und verschollen.

Die Mutter war Inhaberin der elterlichen Gewalt, übte sie aus und stirbt oder wird unfähig und kann sie nicht ausüben. Beispiel: Die nach dem Tode des Vaters im Witwenstande verbliebene Mutter stirbt oder wird geisteskrank oder entmündigt, oder ist längere Zeit abwesend.

Die verwitwete Mutter war bisher Trägerin und Ausüberin der elterlichen Gewalt; nunmehr hat sie sich wieder verehelicht.

Der Gewalthaber — Vater, Mutter — verwirkt die elterliche Gewalt zur Strafe; s. Seite 5.

b) Der Vormund, Gegenvormund, Pfleger stirbt oder wird zum Amte unfähig oder ist längere Zeit abwesend. Dies gilt auch vom Beistand.

c) Es tritt der Fall ein, daß eine Pflegschaft zu eröffnen und ein Pfleger erstmals aufzustellen ist; s. hierüber das 4. Kapitel, Ziffern 2—4.

In allen diesen Fällen hat der Waisenrat dem Vormundschaftsgericht Mitteilung zu machen, damit der erforderliche gesetzliche Vertreter oder Beistand ohne Verzug bestellt werde, und den Vorschlag anzufügen.

d) Des inneren Zusammenhanges wegen ist hier noch zu erwähnen: Wenn ein Beistand von Amts wegen zu bestellen ist — s. Kapitel 4 Ziffer 6 —, so hat der Waisenrat ebenfalls Anzeige hierüber zu machen und den Vorschlag miteinzureichen.

Beispiel: Die verwitwete Mutter wird ihrer schwer zu erziehenden oder unbotmäßigen Kinder nicht Herr. —

Das Gesetz verpflichtet den Waisenrat nicht, auf alle diese Dinge ständig acht zu geben. Die Meldepflicht tritt aber ein, so bald er davon erfährt. Dabei ist es nicht von Belang, ob er seine Kenntnis einer förmlichen Mitteilung oder einer zufälligen Kunde verdankt. Hört er z. B. im Wirtshause, die Witwe Z sei gestorben, wird er ermitteln, ob sie minderjährige Kinder hinterließ, und wenn dies zutrifft, Meldung und Vorschlag einsenden.

D.

In Ansehung der unter elterlicher Gewalt stehenden Kinder hat der Waisenrat dem Vormundschaftsgericht Anzeige zu machen, wenn ein Fall zu seiner Kenntnis kommt, in welchem das Vormundschaftsgericht zum Einschreiten berufen ist.

Im zweiten Kapitel ist dargelegt, daß auch die Eltern der Aufsicht des Vormundschaftsgerichts unterstehen, wenngleich in geringerem Grade als die Vormünder. Veranlassung zum Einschreiten des Vormundschaftsgerichts kann bestehen, ohne daß ein Verschulden des Gewalthabers vorliegt. So in dem obigen Beispiele, da die verwitwete Mutter trotz aller ihrer Bemühungen der Kinder nicht Herr wird und die Bestellung eines Beistandes erforderlich ist.

So auch, wenn besondere Umstände erheischen, daß ein Kind geschiedener Ehegatten nicht demjenigen Elternteil zur Erziehung anvertraut werde, der nach den gesetzlichen Regeln das Sorgerecht hat, sondern dem anderen Ehegatten. Das Gesetz bestimmt — ausgenommen den Fall der Scheidung wegen Geisteskrankheit — daß, solange die geschiedenen Ehegatten leben, die Sorge für die Person des Kindes (Erziehungsrecht), wenn ein Ehegatte im Scheidungsurteil allein für schuldig erklärt ist, dem anderen Gatten zusteht und daß, wenn beide Ehegatten für schuldig erklärt sind, die Sorge für einen Sohn unter 6 Jahren sowie für eine Tochter der Mutter, für einen Sohn über 6 Jahren dem Vater zukommt. Das starre ausnahmslose Festhalten an dieser Regel könnte dem Kinde schädlich sein, z. B. wenn das Kind so an einem Elternteile hängt, daß die Trennung die Gesundheit des Kindes ungewöhnlich gefährden würde. Dem Vormundschaftsgericht ist deshalb die Pflicht auferlegt, beim Vorhandensein besonderer Umstände im Interesse des Kindes die Sache anders zu ordnen, und der Waisenrat hat die Pflicht der Anzeige, wenn ihm ein solcher Fall bekannt wird.

So kann es auch an einem Verschulden des Gewalthabers — Vater, Mutter — fehlen, wenn er in Vermögensverfall gerät. Und doch hat bei jedem Vorgang dieser Art das Vormundschaftsgericht zum Schutze des Vermögens des Kindes das Nötige anzuordnen. Der Waisenrat hat den Vermögensverfall zu melden, wofern das Kind eigenes Vermögen besitzt.

Bei weitem überwiegt jedoch die Zahl der Fälle, in denen ein Verschulden des Gewalthabers das Einschreiten des Vormundschaftsgerichts veranlaßt, sei es, daß die Person des Kindes oder sein Vermögen oder Person und Vermögen gefährdet sind.

Der Gewalthaber — Vater, Mutter — kann das leibliche oder sittliche Wohl des Kindes dadurch gefährden, daß er das Recht der Sorge für die Person des Kindes (Erziehungsrecht) mißbraucht, oder daß er das Kind vernachlässigt oder daß er sich selbst eines ehrlosen oder unsittlichen Verhaltens schuldig macht. Derartige Gefährdungen können in den verschiedensten Formen auftreten.

Der Mißbrauch des Erziehungsrechts gibt sich erfahrungsgemäß kund durch Mißhandlung, Duldung der Mißhandlung durch andere, z. B. durch die Ehefrau des Gewalthabers oder Angehörige der Gewalthaberin, durch Überschreitung des Züchtigungsrechtes, ungeeignete oder übermäßig lange Einsperrung, Aussetzung, Aussperrung, Überanstrengung, übermäßige Ausnutzung der Arbeitskraft, Untergrabung der sittlichen Grundlage, Zwang zu einem gehaßten Berufe oder zu unpassender Beschäftigung, absichtlichen Eingriff in die Gewissensfreiheit, Anwendung sonstiger schädlicher Zuchtmittel, z. B. Entziehung oder Verkürzung der Nahrung, durch Verführung, durch Anleitung zu strafbaren Handlungen, Abhaltung vom Besuche der Schule, des Gottesdienstes, von der Erfüllung gesetzlicher Pflichten.

Die Vernachlässigung des Kindes zeigt sich gewöhnlich in Vorenthaltung des Lebensbedarfes (Nahrung, Kleidung, Wohnung, Lagerstätte, Schulmittel), in mangelhafter Aufsicht oder Pflege, in der Unterlassung der nötigen Anleitung zur Erwerbung der gewöhnlichen Kenntnisse, in Unterlassung der Anhaltung zur Pflichterfüllung, in mangelnder Strenge und Zucht besonders bei

Unarten oder schlechten Neigungen des Kindes, in körperlicher Verwahrlosung und Unreinlichkeit, sittlicher Verwilderung des Kindes, liebloser Behandlung eines leidenden Kindes, Vorenthaltung ärztlicher Hilfe bei Krankheiten oder Verletzungen, sonstigen Gesundheitsgefährdungen durch Unterlassung, Nichteinwilligung zur gebotenen Verbringung in eine Klinik oder Heilanstalt, Verweigerung der Mittel für Berufsausbildung.

Ehrloses und unsittliches Verhalten des Gewalthabers wirkt auf das Kind schädlich durch das schlechte Beispiel und zeigt andrerseits die Unfähigkeit des Gewalthabers zum Erzieher. Ehrloses Verhalten legt an den Tag, wer eine schwerere Straftat mit Überlegung begeht, z. B. Landesverrat, Hochverrat, Mord, Raub, Einbruchdiebstahl, fortgesetzte Betrügereien, vorsätzliche Brandstiftung, Münzverbrechen, Meineid, Erpressung, gewerbsmäßige Hehlerei, Kuppelei, dazu kommen Konkubinat, Müßiggang mit Gewohnheitsbettel, Trunksucht, Arbeitsscheue. Unsittliches Verhalten liegt in Unzucht. Diese Beispiele zeigen aber nur einzelne Formen schuldhafter Gefährdung des Kindes, die Aufzählung ist nicht erschöpfend. Das verständige Urteil des Waisenrats wird auch bei anderen Vorgängen und Zuständen herausfinden, ob die gesetzlichen Voraussetzungen zum Einschreiten des Vormundschaftsgerichts erfüllt sind oder nicht. In allen vorgenannten Fällen obliegt dem Waisenrat die Mitteilung an das Vormundschaftsgericht.

Entsprechende Anwendung findet das Gesagte auf die unter Mutterrecht stehenden Mündel, also auf Kinder, denen zwar ein Vormund bestellt ist, deren leibliche Mutter aber das Erziehungsrecht besitzt und ausübt; es sind hauptsächlich uneheliche Kinder und Kinder, deren Mutter sich wiederverehelicht hat. Lassen diese Mütter es an der richtigen Sorge und Erziehung fehlen, sind Vormund und Waisenrat unabhängig von einander zur Meldung verpflichtet.

Die Erfahrung lehrt, daß in vielen Familien die Erziehung der Kinder und somit die Fürsorge für ihre Person sehr mangelhaft ist. Nehmen die Waisenräte ihre Anzeigepflicht wahr, so muß allmählich die Zahl der Gefährdungen zurückgehen. Die Anzeige solcher Verfehlungen ist ebenso wichtig wie die Überwachung der Mündel und Vormünder. Zur Abhilfe stehen dem Gerichte die verschiedensten Mittel zu Gebote, von der Verwarnung der Eltern angefangen bis zur Entziehung des Sorgerechts und bis zur Anordnung, daß das Kind anderwärts sei es in einer Familie oder in einer Anstalt untergebracht werde.

Hat ein Kind eigenes (ausgemachtes) Vermögen, so kann dieses durch pflichtwidrige Verwaltung des Gewalthabers — Vater, Mutter — gefährdet sein. Auch hier sind der Formen viele, beispielsweise sind zu nennen: schlechte Anlegung, Verbrauch für sich oder andere Angehörige, Verschwendung, Veruntreuung, ungenügende Verwahrung, Bürgschaft, gefährliche Spekulationen, schadenbringende Geschäfte, Nichtwahrung der Vermögensrechte des Kindes. Beispiel: Der Vater verkauft die Grundstücke des Sohnes und legt den Erlös in serbischer Rente an. Diese Anlegung entspricht nicht den gesetzlichen Vorschriften, da Kindergeld wie Mündelgeld zu verwalten ist.

Um das Kind gegen diese Gefahren möglichst zu schützen, hat das Vormundschaftsgericht die nach der Lage der Dinge erforderlichen Maßnahmen zu treffen und der Waisenrat ist gehalten, Anzeige zu machen, sobald die Gefährdung zu seiner Kenntnis gelangt.

Die Anzeigepflicht greift auch Platz, wenn der Vater die Verwaltung des Kindesvermögens nicht nach den Anordnungen dessen führt, der das Vermögen dem Kinde zugewendet hat, oder wenn er der gesetzlichen Vorschrift zuwider unterläßt, bei Wiederverehelichung die Teilung des ihm und dem Kinde gemeinschaftlichen, von ihm verwalteten Vermögens herbeizuführen, oder Vermögen des Kindes dem Gericht zu verheimlichen versucht.

Der Waisenrat wird dem Vormundschaftsgericht seines Wohnortes auch Anzeige machen, wenn er Pflichtwidrigkeiten und Mängel hinsichtlich eines ausländischen Mündels oder Kindes wahrnimmt. Insbesondere gilt das für den Fall, daß eine Vormundschaft anzuordnen ist, z. B. ein mit seinem Kinde zugereister Vater stirbt oder wird geisteskrank. Denn in diesem Falle haben die Behörden, in dessen Gebiet sich der minderjährige Ausländer befindet, vom Sachverhalt den Behörden des Heimatstaates des Minderjährigen Nachricht zu geben (Haager Abkommen).

* * *

Bei oberflächlicher Betrachtung seiner Geschäftsaufgabe könnte ein Waisenrat zu der Ansicht kommen, daß es nicht würdig sei die Rolle eines Wächters oder „Aufpassers" zu spielen und eine „Anzeige" zu machen. Wie falsch wäre eine solche Empfindung, wie irrig dieser Schluß!

Der Waisenrat ist nicht bestellt, jemandem wehe zu tun oder Schaden zuzufügen, seine einzige Aufgabe ist zu nützen, indem er die Menschenwürde erwachsener Schutzbedürftigen sichert und die höchsten Werte des Volkes, die Gesundheit, Religiosität und Sittlichkeit der Jugend, hegt und pflegt. Haß und Rache, Neid und Mißgunst sind dem Waisenrat fremd. Sein Tun bezweckt nicht die Bestrafung der ungeeigneten oder schlechten Erzieher sondern Ausschaltung der schlechten Einflüsse. Das nämliche Ziel ist dem Vormundschaftsrichter gesteckt; er hat mit Bestrafung und Anzeige zum Zwecke der Strafverfolgung nichts zu tun. Der Waisenrat möge sich also durch den Klang des Wortes „Anzeige" nicht beirren lassen. Die Anzeige entlastet ihn vielmehr; denn sobald er die Anzeige erstattet hat, geht die Verantwortung für das, was zu geschehen hat, auf den Vormundschaftsrichter über.

Wenn ein Vergleich gestattet ist, so darf die Tätigkeit des Waisenrats nicht mit der Amtsausübung der Sicherheits- und Polizeibeamten, sondern eher mit der einer Kriegstruppe gestellten Aufgabe verglichen werden. Ehrenvoll ist es auf Vorposten zu stehen und auf Feldwache zu sein, ehrenvoll zuerst zu melden, wo der Feind steht und wie stark er ist, ehrenvoll im Kriegsrate anzusagen, wie der Feind geschlagen werden kann, und die Kampfesbefehle auszuführen. Nur daß in unserem Falle Gegner sind: Unwissenheit, Nachlässigkeit, Verführung und Lasterhaftigkeit.

---

9. Kapitel.

Die Auskunftspflicht.

Bürgerliches Gesetzbuch §§ 1850, 1675.

Der Waisenrat hat dem Vormundschaftsgericht auf Erfordern über das persönliche Ergehen und das Verhalten eines Mündels Auskunft zu erteilen.

Seiner Aufsichtspflicht kann das Vormundschaftsgericht nicht genügen, wenn es nicht von Zeit zu Zeit Auskünfte über den Mündel und seine persönlichen Verhältnisse einholt. Die Auskunft kann auch durch besondere Vorfälle oder die Notwendigkeit einer gerichtlichen Entscheidung veranlaßt sein. Im einen wie im anderen Falle hat der Waisenrat gewissenhaft und erschöpfend Auskunft zu geben, mündlich oder schriftlich, und dabei die Umstände auf die es vorzugsweise ankommt oder die das Gericht in seiner Aufforderung hervorhebt, mit besonderer Sorgfalt zu behandeln und darzulegen.

Wenn der Waisenrat, wie es seine Pflicht ist, fortgesetzt die Mündel und die Tätigkeit ihrer Vormünder überwacht und beaufsichtigt, kann es ihm in den meisten Fällen nicht schwer fallen, die verlangte Auskunft sogleich gründlich zu erteilen. Ist er nicht unterrichtet, so muß er erst Ermittelungen anstellen, z. B. den Mündel und seine Pflegeeltern und Arbeitgeber oder Verwandte und Nachbarn des Mündels aufsuchen und sich bei diesen, allenfalls auch bei der Schulbehörde und beim Lehrer, erkundigen. Der Waisenrat wird sodann vor der Auskunfterteilung Nachforschungen anstellen, wenn er in Zweifel ist, ob die bei seinem letzten Besuche beobachteten Verhältnisse noch bestehen oder sich geändert haben, oder wenn er sich allein kein sicheres Urteil zutraut oder die Verhältnisse so undurchsichtig sind, daß sie der Aufhellung bedürfen. Die Nachforschungen und die Berichterstattung sind so zu beschleunigen, daß das Gericht in seiner Tätigkeit nicht gehemmt wird.

Bleiben trotz der Nachforschungen Zweifel übrig, wird der Waisenrat das berichten. Wenn z. B. das Gericht erfahren hat, daß ein 5jähriger Mündel mit Feuer spiele und von den Pflegeeltern ungenügend beaufsichtigt werde, darauf den Waisenrat zur Äußerung veranlaßt und die hierüber befragten Nachbarn ganz entgegengesetzte Angaben machen, wird der Waisenrat etwa folgendes melden:

„Die Pflegeeltern sind ordentliche Leute und es ist ihnen nicht zuzutrauen, daß sie die Aufsicht über den Mündel absichtlich vernachlässigen. Sie bearbeiten ihre Felder und Wiesen selbst, sind viel außerhalb der Wohnung und haben währenddessen der Mutter der Frau, der Witwe Anna Spinner, die Aufsicht übergeben. Witwe Spinner ist schon sehr alt und kann dem Mündel nicht überallhin nachgehen. Bei meinen Besuchen habe ich keinen Anlaß zum Eingreifen gefunden. Richtig ist, daß der Knabe jüngst auf dem Felde zusammengesuchtes wertloses Holz angezündet hat. Der Nachbar und seine Frau erklärten mir, der Mündel sei so gut beaufsichtigt wie andere Dorfkinder von ordentlichen Eltern; dagegen sagte die Nachbarin Günz, daß der Knabe tagelang fast gar nicht beaufsichtigt werde. Wer von den Nachbarn recht hat, weiß ich nicht. Den Pflegeeltern und der Frau Spinner habe ich aufgetragen dafür zu sorgen, daß der Bub keine Zündhölzer erwischen kann und möglichst überwacht wird. Gewässer, unverwahrte Brunnen, Gruben sind nicht in der Nähe der Wohnung des Mündels. Ich werde öfter nachschauen, weitere Erkundigungen einziehen und in einiger Zeit wieder berichten."

Will das Gericht, daß ihm Zeugen oder Auskunftspersonen bezeichnet werden, so wird der Waisenrat diesem Ansinnen nach Kräften entsprechen.

Wird eine Auskunft über einen Mündel oder einen Minderjährigen begehrt, der nicht im Bezirke des ersuchten Waisenrats sich befindet, wird dieser das Schreiben an den Waisenrat abgeben, in dessen Bezirk sich der Mündel oder Minderjährige aufhält. Eine kurze Abwesenheit des Mündels ändert jedoch an der Zuständigkeit nichts; wenn z. B. der Mündel in den Schulferien einige Tage oder Wochen bei seinem in einem anderen Waisenratsbezirke wohnenden Großvater zubringt, wird der Waisenrat des gewöhnlichen Wohnortes die Auskunft erteilen und allenfalls beifügen, daß sich der Mündel augenblicklich in X. aufhält.

Häufig wird das Gericht nicht nur einen Bericht über tatsächliche Verhältnisse, sondern eine gutachtliche Äußerung wünschen. Dessen kann sich der Waisenrat nicht entschlagen. Ehe er als Gutachter Stellung nimmt, muß er die obwaltenden Verhältnisse sorgfältig prüfen. Sodann hat er reiflich zu erwägen, was das Wohl des Mündels erheischt, und sobald er hierüber im klaren ist, das als richtig Erkannte ohne jede Nebenrücksicht zu befürworten. Hiebei sei er sich seiner Verantwortlichkeit bewußt; denn sein Gutachten gibt oft den Ausschlag für die Entscheidung des Gerichts. Wenn es sich z. B. darum handelt, ob ein Minderjähriger für volljährig erklärt werden soll, wird der Waisenrat prüfen, ob der Jüngling die nötige geistige und sittliche Reife besitzt, ob er ehrenwert ist, auf eigenen Füßen stehen und auch schwierigere Geschäfte selbständig erledigen kann, ob die im Gesuch geltend gemachten Gründe zutreffen, ob nicht Dinge, die das Licht zu scheuen haben, mitspielen und dem Gericht die wahren Beweggründe verheimlicht werden, und vor allem, ob es dem Mündel zum Besten dient, wenn er vor der gewöhnlichen Zeit von der Vormundschaft oder elterlichen Gewalt frei wird. Im Zweifelsfalle wird der Waisenrat dem Gericht seine Bedenken mitteilen.

Ähnliche wichtige Angelegenheiten sind: die Entlassung des Mündels aus der Staatsangehörigkeit, die Annahme an Kindes statt, die Verehelichung eines minderjährigen Mädchens bei mangelnder Zustimmung des Vormundes, die Enthebung des Vormundes wegen Gefährdung der Mündelinteressen, die Erhaltung oder Veräußerung eines ererbten Landgutes oder Geschäftes, die Fortführung oder Verpachtung eines Geschäftes oder landwirtschaftlichen Betriebes. Auch bei diesen und ähnlichen Angelegenheiten ist das Wohl des

Mündels die Richtschnur für die Stellung des Waisenrates; alle Nebenrücksichten wie auch alle Bitten Beteiligter sind nicht zu beachten.

Die Auskunftspflicht des Waisenrats erstreckt sich auf alle Mündel, die sich in seinem Bezirke aufhalten, ohne Rücksicht ob ein Mündel in die Waisenliste eingetragen ist oder nicht. Der Waisenrat wird aber die Auskunfterholung zum Anlaß nehmen, seine Waisenliste zu vervollständigen, wofern sich der Mündel in seinem Bezirk aufhält und bisher nicht eingetragen war. Siehe hierüber das 16. Kapitel.

Der Begriff „Mündel" darf übrigens, was die Auskunftspflicht des Waisenrates betrifft, nicht enge aufgefaßt werden. Der Waisenrat hat auch über Pfleglinge Auskunft zu geben, wenn das Erziehungsrecht (Sorge für die Person) dem Pfleger zusteht, und sogar, wenn es das Vormundschaftsgericht verlangt, über die persönlichen Verhältnisse, das Ergehen und die Führung der unter elterlicher Gewalt stehenden Minderjährigen zu berichten; denn hinsichtlich dieser will das die Auskunft verlangende Gericht erfahren, ob es einzugreifen und etwa eine Pflegschaft oder Vormundschaft anzuordnen hat. Der Waisenrat darf also das Ersuchen eines Vormundschaftsgerichtes, ihm Mitteilung über das Ergehen und Verhalten unter elterlicher Gewalt stehender Kinder zu machen, nicht ablehnen. In diesem Falle wird der Waisenrat immer erst Nachforschungen anstellen müssen und zwar mit besonderer Vorsicht, damit jede Bloßstellung der Eltern vermieden wird.

Inwieweit der Waisenrat als Behörde anderen Behörden als dem Vormundschaftsgericht Auskunft zu erteilen hat, ist im 12. Kapitel auseinandergesetzt.

---

10. Kapitel.

Die Mitwirkung des Waisenrats bei der Zwangserziehung.

Bayerisches Zwangserziehungsgesetz vom 10. Mai 1902. — Ministerialbekanntmachung vom 28. Juni 1902, die Ausführungsbestimmungen zum Zwangserziehungsgesetz betreffend. — Bekanntmachung vom 24. Mai 1907, die Führung der Waisenlisten hinsichtlich der Zwangserziehung betreffend. — Bürgerliches Gesetzbuch §§ 1675, 1850.

Aus verschiedenen Ursachen kann zum Schutze oder zu besserer Erziehung eines Minderjährigen seine Unterbringung in einer anderen Familie oder in einer Anstalt geboten sein. Die Erfahrung hat nun gelehrt, daß dies ohne Inanspruchnahme öffentlicher Mittel oder ohne fortgesetzte behördliche Überwachung häufig nicht durchführbar ist. Um nun in jedem Falle einem gefährdeten Jugendlichen richtige Erziehung nach Möglichkeit zu sichern, selbst bei Vermögenslosigkeit und beim Widerstreben der Erziehungsberechtigten, ist in Bayern im Jahre 1902 die Zwangserziehung eingeführt worden.

Zwangserziehung im Sinne dieses Gesetzes und der folgenden Ausführungen ist die behördlich angeordnete, behördlich zu vollziehende und behördlich überwachte Erziehung eines Minderjährigen auf öffentliche Kosten in einer geeigneten Familie oder Anstalt. Die Hauptmerkmale sind: behördliche Anordnung und Durchführung, also Zwang, und Verwendung öffentlicher Mittel. In Zwangserziehung können sowohl Mündel als auch unter elterlicher Gewalt stehende Jugendliche genommen werden, vermögenslose wie auch besitzende, nicht nur Bayern, sondern auch Angehörige anderer deutscher Bundesstaaten und sogar Ausländer. Der hauptsächliche Zweck des Gesetzes ist, der Verwahrlosung und Verwilderung der Jugendlichen und dem hieraus für die Allgemeinheit entstehenden Schaden entgegenzuwirken, ohne Unterschied ob die Gefahr in der Person des Jugendlichen oder in der Person seiner Erzieher besteht.

Die Zwangserziehung ist anzuordnen:

a) Wenn der Vater oder die Mutter ihr Erziehungs- und Sorgerecht mißbrauchen — z. B. durch Verführung, Aussetzung, Mißhandlung, Überanstrengung, fortgesetzte Einsperrung des Kindes — oder das Kind vernachläſſigen — z. B. durch Vorenthaltung der Nahrung, der Kleidung, der Lagerstätte, der Schulmittel, durch Unterlassung der gehörigen Pflege, Aufsicht und Anleitung — oder sich eines ehrlosen oder unsittlichen Verhaltens schuldig machen — z. B. durch schwere Verbrechen, Unzucht, Arbeitsscheu, Gewohnheitsbettel, Trunksucht — und dadurch das leibliche oder sittliche Wohl des Kindes dermaßen gefährdet ist, daß nur durch die Zwangserziehung die sittliche oder körperliche Verwahrlosung des Kindes verhütet werden kann.

Steht der Minderjährige unter Vormundschaft dergestalt, daß der Vormund die Erziehungsgewalt allein ausübt — z. B. nach dem Tode der ledigen oder wiederverehelichten Mutter —, so bedarf es nur der Feststellung, daß die sittliche oder körperliche Verwahrlosung des Mündels auf andere Weise nicht verhütet werden kann.

Beispiele: Eine Witwe hat den Versuch gemacht, ihre 14jährige Tochter aus Eigennutz zu verkuppeln. Bei Verwandten findet das Kind keine Aufnahme.

Ein unehelicher Knabe ist von seinem jähzornigen Stiefvater wegen geringer Verfehlungen wiederholt lebensgefährlich mißhandelt worden. Die Mutter hat dies mitangesehen und ohne einzugreifen geduldet. Das Kind hat kein nennenswertes Vermögen, so daß anderweitige Unterbringung auf Kosten des Kindes ausgeschlossen ist.

Ein 11jähriger Knabe wird von seiner häufig betrunkenen Mutter, einer Blumenverkäuferin, in alle Gasthäuser mitgenommen, zum Bettel angeleitet und vom Schulbesuch abgehalten. Der Vater ist im Zuchthaus, Besserung der Verhältnisse ist nicht zu erwarten, Unterbringung bei den Verwandten ausgeschlossen.

Diese Beispiele zeigen, daß auch völlig schuldlose Kinder zu ihrem Schutze in Zwangserziehung genommen werden können.

b) Wenn der Minderjährige eine strafbare Handlung begangen hat, wegen der er in Anbetracht seines jugendlichen Alters strafrechtlich nicht verfolgt werden kann, und mit Rücksicht auf die Beschaffenheit der Handlung, die Persönlichkeit der Eltern oder sonstigen Erzieher und die übrigen Lebensverhältnisse des Minderjährigen seiner weiteren sittlichen Verwahrlosung nur durch Zwangserziehung vorgebeugt werden kann.

Von dieser Bestimmung werden nur Strafunmündige betroffen, d. i. Kinder, die bei Begehung der strafbaren Handlung das 12. Lebensjahr noch nicht vollendet hatten.

Beispiel: Ein 11½jähriger Bursche hat vorsätzlich ein Anwesen in Brand gesteckt. Der Vater leidet an den Folgen eines Unfalls und kann nur an Krücken gehen, vermag also den Knaben nicht richtig zu beaufsichtigen. Die Mutter ist gestorben. Die Geschwister können sich des Knaben nicht viel annehmen, da sie Fabrikarbeiter und jeden Werktag von früh bis spät abends beschäftigt sind.

c) Wenn die Zwangserziehung zur Verhütung des völligen sittlichen Verderbens des Minderjährigen notwendig ist.

Beispiele: Ein 15jähriges Mädchen ergibt sich der Gewerbsunzucht trotz aller Mahnungen der Eltern. Züchtigung ist vergeblich, das Mädchen entläuft immer wieder in die nahegelegene Stadt.

Ein 16 Jahre alter Bursche, gesund und arbeitstüchtig, geht seit Monaten müßig, lebt von dem, was er seiner Großmutter durch Drohungen erpreßt, und erwidert die Warnungen des Vormunds mit höhnischen Reden. —

Die Zwangserziehung ist grundsätzlich das letzte Mittel und nur anzuwenden, wenn nicht auf andere Weise ebensogut geholfen werden kann. Über 16 Jahre alte Personen sollen nur in besonderen Fällen in Zwangserziehung genommen, über das 18. Lebensjahr hinaus soll die Zwangserziehung nur ausnahmsweise fortgesetzt werden.

Die Kosten der Zwangserziehung werden von der Heimatgemeinde vorgeschossen, der Minderjährige und die Unterhaltspflichtigen haben Ersatz zu leisten. Sind diese nicht zahlungsfähig, so kann die Heimatgemeinde verlangen, daß $^1/_5$ der Kosten die Distriktsgemeinde, $^2/_5$ die Staatskasse tragen. Die Heimatgemeinde wird also nur mit $^2/_5$ der Kosten wirklich belastet.

Die Zwangserziehung wird vom Vormundschaftsgericht nach Anhörung der Beteiligten, insbesondere der Eltern oder des Vormunds und nach Einholung gutachtlicher Äußerungen der Schulbehörde und des Pfarramts angeordnet. Die Verwaltungsbehörde — Bezirksamt, Magistrat einer unmittelbaren Stadt — hat vorher der Heimatgemeinde Gelegenheit zur Äußerung zu geben und sich selbst zu äußern. In dringenden Fällen kann das Vormundschaftsgericht die vorläufige Unterbringung ohne weiteres beschließen.

Der Vollzug steht der Verwaltungsbehörde zu. Sie hat den Minderjährigen (Zögling) in einer Familie oder in einer Anstalt unterzubringen, einen förmlichen Vertrag darüber abzuschließen und über die Durchführung der Erziehung zu wachen.

Die Aufhebung der Zwangserziehung erfolgt durch Beschluß des Vormundschaftsgerichtes, wenn die Voraussetzungen der Anordnungen weggefallen sind, z. B. nachhaltige Besserung erzielt ist oder durch Vermögensanfall der Vormund in die Lage versetzt ist, den Mündel auf dessen Kosten zweckentsprechend unterzubringen. Das Gericht kann die Aufhebung auch zur Probe, nämlich auf Widerruf, bewilligen. Die Verwaltungsbehörde ist zuständig die vorläufige Entlassung zu verfügen, wenn triftige Gründe dies rechtfertigen.

Bei diesem Zwangserziehungsverfahren ist dem Waisenrat eine sehr wesentliche Rolle zugewiesen.

Der Waisenrat soll

1. dem Vormundschaftsgericht Mitteilung machen, wenn die Voraussetzungen für Anordnung der Zwangserziehung — s. S. 55 und 56 — vorliegen,
2. auf Anfordern des Gerichtes sich gutachtlich äußern, ob er die Zwangserziehung für rätlich oder geboten hält,
3. zur Ermittlung geeigneter Familien, die Minderjährige zur Erziehung aufnehmen, behilflich sein,
4. die Zöglinge und deren Behandlung, Erziehung und Führung fortgesetzt überwachen,
5. über die dabei gemachten Wahrnehmungen der Verwaltungsbehörde Auskunft geben und etwaige Mängel anzeigen,
6. auch die auf Widerruf aus der Zwangserziehung Entlassenen beaufsichtigen und berichten, wenn Gründe vorliegen die Entlassung zu widerrufen.

Bisher haben die Waisenräte im allgemeinen nicht sehr viele Mitteilungen an die Vormundschaftsgerichte gelangen lassen, daß im einzelnen Falle die Voraussetzungen der Zwangserziehung gegeben seien. Zumeist erfuhr dies das Vormundschaftsgericht auf anderem Wege, durch die Polizei- oder Schulbehörden oder aus Strafakten. Und doch ist der Waisenrat besonders berufen das Gericht auf solche Kinder oder Mündel aufmerksam zu machen. Er mache lieber einen Bericht zuviel als einen zu wenig und vor allem: eher zu früh als zu spät. Wie viele Kinder hätten gerettet und vor Unheil oder vor der Verbrecherlaufbahn bewahrt werden können, wenn die Behörden rechtzeitig Meldung erhalten hätten!

Stellt sich auf die Mitteilung des Waisenrats durch die gerichtlichen Ermittlungen heraus, daß die Zwangserziehung nicht verhängt werden darf, so ist die Sache doch fast immer so gelagert, daß die Zwangserziehung vom Gericht wenigstens angedroht werden kann, sei es dem schuldtragenden Erziehungspflichtigen, sei es dem ausartenden Minderjährigen. Schon diese Androhung zeitigt häufig gute Wirkungen; denn die Zwangserziehung wird gewöhnlich gefürchtet, sie ist ja auch in den meisten Fällen ein empfindlicher Eingriff in die persönliche Freiheit.

Wird ein Zögling in einer Familie untergebracht, so erhält der Waisenrat, in dessen Bezirk die Familie wohnt, hievon durch eine Mitteilung der Verwaltungsbehörde Kenntnis. Zugleich wird ihm eine Abschrift des über die Unterbringung geschlossenen Vertrages ausgehändigt. Auch das Vormundschaftsgericht gibt dem Waisenrat Nachricht, damit der Zögling in die Waisenliste aufgenommen wird; auf die nämliche Weise erfährt der Waisenrat die Aufhebung der Zwangserziehung und Unterbringung. Der Waisenrat weiß also, wer von ihm auf Grund des Zwangserziehungsgesetzes zu überwachen und wie lange die Überwachung fortzusetzen ist.

Der Zweck der Zwangserziehung bringt es mit sich, daß der Waisenrat die Überwachung ständig und mit besonderer Aufmerksamkeit übt. Er hat den Zögling von Zeit zu Zeit — öfter als die gewöhnlichen Mündel — in der Familie aufzusuchen, sich persönlich von der Art der Unterkunft, Pflege, Erziehung und Beschäftigung zu überzeugen, bei schulpflichtigen Kindern im Benehmen mit dem Ortsgeistlichen, der Schulbehörde und dem Lehrer sich Kenntnis zu verschaffen, ob der Zögling den Gottesdienst und die Schule — Werktagsschule, Sonntagsschule, Fortbildungsschule — regelmäßig besucht, sich zu vergewissern, ob die einzelnen Vertragsbestimmungen eingehalten werden, und für Abstellung etwaiger Mängel zu sorgen. Bei den in Dienst oder Lehre stehenden Zöglingen hat der Waisenrat besonders darauf zu sehen, daß der Lehrvertrag oder Dienstvertrag eingehalten wird, und sich von Zeit zu Zeit bei dem Dienstherrn oder Meister von der Führung, den Fortschritten und Leistungen des Zöglings zu unterrichten.

Ist der Zögling ein Mädchen oder ein im Kindesalter stehender Knabe, wird der Waisenrat die Waisenpflegerin um Mitwirkung angehen. Auch der dem Zögling bestellte Vormund oder Pfleger hat bei der Überwachung mitzuwirken.

Findet der Waisenrat bei der Überwachung des Zöglings Mängel, so bemüht er sich sie abzustellen. Gelingt das nicht, so berichtet er der Verwaltungsbehörde; diese hat die weiteren Maßregeln anzuordnen (Anzeigepflicht des Waisenrats). Der Waisenrat hat insbesondere der Verwaltungsbehörde sofort Anzeige zu machen, wenn der Zögling entweichen sollte.

Über seine Wahrnehmungen und Erfahrungen gibt der Waisenrat der Verwaltungsbehörde Auskunft. Alljährlich wenigstens einmal fordert die Verwaltungsbehörde von ihm einen kurzen Bericht ein.

Handelt es sich darum, ob die Aufhebung der Zwangserziehung widerrufen werden soll, so wird das Vormundschaftsgericht den

Waisenrat um die nötigen Ermittlungen und um gutachtliche Äußerung angehen. —

In Bayern wurde im Jahre 1908 über 703 Minderjährige die Zwangserziehung angeordnet. Im nämlichen Jahre waren 834 Zwangszöglinge in Familien, 1394 in Anstalten untergebracht. Zumeist, wenn auch nicht immer bezweckt die Zwangserziehung die nachhaltige Besserung des Minderjährigen. Es ist einzuräumen, daß dieses Ziel nicht immer erreicht wird, aber es ist zu bedenken, daß es nicht wenige Kinder gibt, die nicht mehr erzogen werden können, an denen aber doch der Versuch der Erziehung gemacht werden muß. Die auf die Zwangserziehung verwendeten Mühen und Kosten sind übrigens belohnt, wenn jährlich einige Hundert der Jugendlichen des Landes vor sittlicher oder körperlicher Verwahrlosung gerettet werden.

Wichtiger als Heilung ist Vorbeugung. Es gibt kaum ein größeres Verdienst, als wenn es gelingt, einen auf schlechte Bahn abirrenden Jugendlichen frühzeitig der Gefahr zu entreißen und ihn ohne Zwangserziehung wieder ins richtige Gleis zu bringen; hiezu müssen alle Erziehungspflichtigen, ja alle Einwohner helfen, aber hauptsächlich ist der Waisenrat berufen durch frühzeitige Beobachtung und entschlossenes Eingreifen die Notwendigkeit der Zwangserziehung zu verhüten. Zu diesem Zwecke soll er die Knaben und Mädchen seines Bezirkes vom 8. Lebensjahre an schärfer beobachten. Er wird bald herausfinden, welches Kind unter bedenklichen Einflüssen heranwächst oder auszuarten droht. „Jung spitzt sich, was ein Dorn werden will." Der Hilfsmittel gibt es mancherlei: Belehrung, Warnung, wahrnehmbar scharfe Überwachung, Schulstrafen, Androhung der Anzeige bei Gericht, Wechsel der Pflegeeltern, des Wohnortes, der Umgebung (Verpflanzung), Heranziehung tüchtiger Verwandter, gemeinschaftliche Stellungnahme aller Gemeindebürger, Anzeige beim Vormundschaftsgericht. Das Gericht kann hinwiederum in ähnlicher Weise eingreifen und insbesondere die Androhung der Zwangserziehung als kräftiges Zuchtmittel anwenden.

Der Waisenrat bedenke, daß oft eine ernste und zugleich wohlwollende Warnung genügt, um das zu erzielen, was einige Jahre später alle Bitten einer Mutter, alle Einwirkungen des Seelsorgers, alle behördlichen Maßnahmen nicht mehr erreichen können: die rechtzeitige Umkehr auf den richtigen Lebensweg.

11. Kapitel.

Waisenrat und Vormundschaftsgericht.

Bürgerliches Gesetzbuch §§ 1675, 1849—1851.

Der Waisenrat hat seine Hilfe allen deutschen Vormundschaftsgerichten (Amtsgerichten) zu gewähren, sei es, daß ihn ein Gericht dazu auffordert, sei es, daß er kraft gesetzlicher Verpflichtung oder aus sonstigem Anlasse unaufgefordert zu berichten hat. Das Gericht, in dessen Bezirk der Waisenrat wohnt, hat in dieser Hinsicht nichts voraus. Der Waisenrat muß die Angelegenheiten, für die ein in weiter Ferne befindliches Vormundschaftsgericht zuständig ist, mit der nämlichen Sorgfalt und Gewissenhaftigkeit behandeln, wie die Sachen des Gerichts, in dessen Sprengel er seinen Amtssitz hat.

Der bayerische Waisenrat verkehrt mit allen deutschen Gerichten unmittelbar. In Städten und in Landgemeinden mit mehr als 5000 Einwohnern kann sich jedoch aus der Verfassung des Gemeindewaisenrates ergeben, daß der Verkehr zwischen dem Waisenrat und dem Gerichte oder sonstigen Behörden durch den Vorsitzenden des Gemeindewaisenrates vermittelt wird. Die Hilfepflicht des Waisenrates erstreckt sich auf alle Mündel, Pfleglinge und Kinder, die sich in seinem Bezirke aufhalten, gleichviel ob der Aufenthalt dauernd oder vorübergehend ist.

Welches Amtsgericht als Vormundschaftsgericht zuständig ist, sieht der Waisenrat, wenn er auf gerichtliche Aufforderung tätig wird, aus der gerichtlichen Zuschrift. Hat er unaufgefordert zu berichten, so entnimmt er aus der Waisenliste, Spalte für Bemerkungen, oder aus der Bestallung des Vormundes, Pflegers, Beistandes oder aus Erkundigungen bei verläſſigen Beteiligten, welchem Gericht die Behandlung der Sache zukommt. Betrifft die Tätigkeit des Waisenrates ein unter elterlicher Gewalt stehendes Kind, so wendet er sich an das Gericht, in dessen Bezirk der Gewalthaber (Vater, Mutter) des Kindes seinen Wohnsitz oder wenn es daran mangelt seinen Aufenthalt hat.

Niemals darf sich der Waisenrat durch einen Zweifel, welches Gericht zuständig sei, von einem Berichte abhalten lassen. Im Zweifel wendet er sich an das Vormundschaftsgericht seines Wohnortes; er darf darauf vertrauen, daß dieses Gericht die Angelegenheit entweder selbst behandelt oder an das zuständige Gericht abgibt.

Keinem Vormundschaftsgericht steht irgendwelche Dienstaufsicht oder Disziplinargewalt über die bayerischen Waisenräte zu. Jedoch hat der Waisenrat den sachlichen Aufforderungen und Anleitungen jedes Vormundschaftsgerichts nachzukommen. Auch haben die Vormundschaftsgerichte das Recht und die Pflicht, den Waisenrat auf seine Obliegenheiten hinzuweisen, wenn er säumig oder leichtfertig ist, und die richtige Ausführung der Geschäfte durch Belehrung und Mahnung herbeizuführen. Wenn z. B. ein Gericht auffordert, die Lagerstätte oder den Schlafraum eines Mündels zu besichtigen, so kann sich der Waisenrat dessen nicht entschlagen. Schickt der Waisenrat, obwohl er selbst die Besichtigung vornehmen könnte, seinen Sohn, so kann das Vormundschaftsgericht darauf bestehen, daß der Waisenrat persönlich nachschaue.

Indessen wäre es verfehlt, wenn der Waisenrat seine Meinung dem Standpunkt des Gerichts ängstlich anpassen oder seine gegenteilige Überzeugung verhehlen wollte. Als freier und selbständiger Mann soll er nach bestem Wissen und Können die Sachlage beurteilen und seine Ansicht aussprechen.

Ist der Waisenrat nicht imstande, einer Aufforderung des Gerichts zu entsprechen, so berichtet er kurz über das Hindernis. Glaubt er, daß ein Verlangen des Gerichtes im Gesetze nicht begründet ist, so kann er, wenn nicht eilige Erledigung geboten erscheint, Vorstellungen erheben. Sachlichen Erwiderungen und Anleitungen des Gerichts hat er aber Folge zu leisten. Der Waisenrat kann sich vom Vormundschaftsgericht jederzeit Rat und Auskunft erholen. Der Vormundschaftsrichter ist verpflichtet, einem solchen Verlangen zu entsprechen und dem Waisenrat auf alle Weise entgegenzukommen.

Der Waisenrat kann mit dem Vormundschaftsgericht mündlich oder schriftlich verkehren. Den Weg des mündlichen Berichtes wird der Waisenrat in der Regel nur gegenüber dem Gericht seines Wohnortes oder gegenüber einem Nachbargericht beschreiten. Ist er dem Vormundschaftsrichter nicht persönlich bekannt, so stellt er sich ihm als Waisenrat der Gemeinde N. vor; auswärts gebraucht er hiebei einen von der Gemeinde herzustellenden schriftlichen Ausweis über seine Eigenschaft als Waisenrat. Das Gericht wird den Waisenrat sofort oder doch vor anderen hören. Der Waisenrat kann seine Erklärung zu Protokoll geben; dies verdient bei wichtigen Berichten den Vorzug. In anderen Sachen wird der Richter eine Vormerkung zu den Gerichtsakten als hinreichend ansehen. Der mündliche Verkehr hat den Vorteil, daß die Sache in gegenseitiger Fragestellung und Auskunft rasch geklärt wird. Die Rücksprache mit dem Richter empfiehlt sich also vor allem in schwierigen oder zweifelhaften Angelegenheiten. Für solche Gänge zu Gericht erhält der Waisenrat keine Vergütung, es müßte denn sein, daß er im Anschlusse an seinen dienstlichen Bericht als Zeuge oder Sachverständiger vernommen wird.

Häufiger ist der schriftliche Verkehr mit dem Vormundschaftsgericht, gleichviel ob der Waisenrat einen Vorschlag oder Bericht absendet oder um Rat, Auskunft und Verhaltungsmaßregeln ersucht.

Dem Waisenrat wird die selbständige Abfassung und die eigenhändige Niederschrift der Vorschläge und Berichte dringend empfohlen. Denn der Waisenrat, der die Abfassung einem andern — etwa dem Lehrer oder Gemeindeschreiber — überläßt, wird lässig oder doch in seiner Amtsführung niemals selbständig und sicher werden. Jedoch kann nichts eingewendet werden, wenn der Waisenrat einem Gehilfen den Bericht diktiert oder wenn er Schreibhilfe braucht, weil er am Gebrauch der Hand verhindert ist oder längeres Schreiben ungewöhnliche Anstrengungen verursacht. Weder Schönschrift noch Rechtschrift wird verlangt, doch soll die Schrift leserlich sein. Die Fassung sei kurz und bündig, die Darstellung nüchtern und einfach gemäß dem Grundsatze: Schreibe wie du sprichst!

Beantwortet der Waisenrat eine Aufforderung des Gerichtes, so setzt er den Bericht auf die gerichtliche Zuschrift; wenn der Raum nicht ausreicht, fügt er einen halben Bogen bei. Er muß die gerichtliche Zuschrift zurückgeben, wenn darin die Rückgabe verlangt wird; die Abkürzung G. R. bedeutet „gegen Rückgabe". Berichtet der Waisenrat unaufgefordert, so verwendet er dazu einen halben oder ganzen Bogen Papier, nur im Notfalle einen Zettel. Jede Niederschrift des Waisenrates soll das Datum (Orts- und Zeitangabe) und die Unterschrift des Waisenrates samt der Amtsbezeichnung „Waisenrat" tragen.

Die Berichte des Waisenrates sollen wahr, deutlich und von freimütiger Offenheit sein. Durch Furcht darf sich der Waisenrat nicht beeinflussen und vor allem nicht von einem Berichte abhalten lassen; er tue recht und scheue niemand!

Wenn aber der Waisenrat unaufgefordert einen Bericht einzureichen und infolgedessen die Rache einer Person oder sonstige sehr erhebliche Nachteile zu fürchten hat, ist ihm nicht verwehrt, das Vormundschaftsgericht darum anzugehen, daß er nicht als Berichterstatter in den Akten oder sonstwie genannt, sondern sein Name und seine Urheberschaft verschwiegen werde. Das gilt auch bei mündlichen Berichten. Der Richter wird in solchen Fällen dem Ansuchen des Waisenrates stattgeben, in den Akten vermerken, daß die Mitteilung von einem ungenannt sein wollenden, verlässigen Manne herrührt und die noch nötigen Feststellungen auf anderem Wege zu gewinnen suchen, z. B. durch Vernehmung von Zeugen oder polizeiliche Ermittlungen. Läßt sich die dienstliche Äußerung des Waisenrates nach dem Gesetze nicht umgehen, so fordert ihn das Gericht schriftlich zum Berichte auf, so daß er sich auf einen gerichtlichen Auftrag berufen kann.

Volles gegenseitiges Vertrauen soll das Verhältnis zwischen dem Vormundschaftsgericht und dem Waisenrat beherrschen.

Die Verkehrsformen ergeben sich aus der Stellung des Waisenrates. Er ist dem Gericht nicht untergeordnet, sondern sein Helfer, steht aber dem Gericht nicht gleich, da dieses allein entscheidet. Der Waisenrat soll daher zwar eine geziemende Schreib- und Redeweise beobachten, vermeide aber jede Unterwürfigkeit. Da der Waisenrat dem Gericht nicht befehlen oder seine Meinung aufdrängen kann, gebraucht er in seinen Berichten die entsprechenden Wendungen z. B. „ich halte für gut", „meine Meinung ist", „es wäre für den Mündel das Beste". Das Gericht hat gegenüber dem Waisenrat die Form des Ersuchens zu beobachten. Bekanntmachung vom 16. Juli 1909, Justizministerialblatt S. 326.

Ob ein Vorschlag oder Bericht sofort zu erstatten ist oder kurze Zeit verschoben werden kann, muß der Waisenrat selbst beurteilen. Er richtet sich hierin nach den Umständen. Häufig gibt das Gericht in seiner Aufforderung an, ob die Sache dringlich ist oder bis wann es die Rückäußerung erwartet. In nicht dringlichen Angelegenheiten ist es angemessen, mit der Rückäußerung nicht länger als drei Tage zu warten. Längere Beobachtung oder umfangreiche Ermittlungen rechtfertigen eine größere Zwischenfrist. Erfordert eine Angelegenheit das sofortige Eingreifen des Gerichts, kann telephonische oder telegraphische Berichterstattung geboten sein. Für schuldhafte Verzögerung trifft den Waisenrat die Verantwortung, unter Umständen Vermögenshaftung.

Der Waisenrat lasse sich zur Richtschnur dienen auch in Zweifelsfällen unaufgefordert zu berichten und es nicht darauf ankommen lassen, daß das Gericht von der Sache schon weiß oder sie sonst erfährt. Die Unterlassung einer einzigen wichtigen Mitteilung kann schwere Folgen haben.

Der Waisenrat kann durch Krankheit, Gebrechlichkeit oder Abwesenheit an der Amtsübung vorübergehend verhindert sein. Da er keinen Stellvertreter hat, bleibt nichts übrig als daß in Landgemeinden mit mehr als 5000 Einwohnern und in Städten der Vorsitzende des Gemeindewaisenrates sich um die Erledigung der dringenden Berichte annimmt, während in den kleineren Landgemeinden der Bürgermeister oder der Gemeindeausschuß aushilft. In gleicher Weise ist zu verfahren, wenn über Angehörige oder nahe Verwandte des Waisenrats zu berichten ist, ausgenommen Vorschläge zum Amt des Vormundes, Pflegers, Beistands und einfache Mitteilungen über Tatsachen.

Aus der Überwachungs- und Meldepflicht des Waisenrates ergibt sich sein Recht, gegenüber einem Vormund oder Mündel wie auch bei besonderer Veranlassung gegenüber einem Vater oder Kind Ermahnungen und Warnungen auszusprechen. Darüber hinaus darf der Waisenrat nicht selbst statt des Vormundschaftsgerichtes in Rechte des Vormundes oder Gewalthabers eingreifen. Man wird ihm aber die Befugnis zugestehen müssen, Minderjährige und andere Schutzbedürftige zur Rettung aus einer Gefahr für Leib und Leben oder bei einem Notstand dem Gewalthaber oder Vormund wegzunehmen und anderweitig vorläufig unterzubringen, all' dies vorbehaltlich der vormundschaftsgerichtlichen Entscheidung.

Wenn z. B. bei einer Überschwemmung ein eigensinniger Vater seine minderjährigen Kinder im flutumtosten Hause behalten und nicht zugeben will, daß für sie von der jetzt noch bestehenden, aber immer geringer werdenden Möglichkeit der Rettung Gebrauch gemacht werde, darf und soll der Waisenrat die Kinder mit Gewalt an einen sicheren Ort entführen. Ebenso wird er einer gewissenlosen Mutter, die ihre Tochter einem Kuppler zubringt, den Plan auf jede Weise, selbst durch gewaltsame Wegnahme des Mädchens, zu vereiteln suchen. Der nächste und gewöhnlichste Weg bleibt indessen die Anrufung polizeilicher Hilfe.

Der Waisenrat kann für das Kind oder statt des Vormundes keine gültige Rechtshandlung vornehmen, außer sie wird hinterher vom Gewalthaber oder Vormund und wo nötig vom Vormundschaftsgericht genehmigt.

---

12. Kapitel.

Der Verkehr mit anderen Behörden.

Bayerisches Ausführungsgesetz zum Bürgerlichen Gesetzbuche Art. 93, 97. Vollzugsbekanntmachung vom 22. Dezember 1899 § 10.

Der Gemeindewaisenrat ist eine Behörde und als solche in der Rechtsprechung anerkannt. Aus dieser seiner Stellung ergibt sich, daß er im Rahmen der gesetzlichen Bestimmungen andere Behörden um Auskunft und angemessene Unterstützung angehen kann, andrerseits aber auch auf Wunsch Behörden Auskunft geben und innerhalb der Grenzen seiner Zuständigkeit Hilfe gewähren muß. Denn die Behörden haben zur Erreichung der Staatszwecke, also zur Förderung des Gemeinwohls, zusammenzuwirken.

Der Waisenrat wird sich vor allem bestreben, mit den übrigen gemeindlichen und den sonstigen Behörden seines Wohnortes oder Bezirkes Fühlung zu gewinnen und zu behalten, insbesondere mit dem Armenpfleger, mit dem Seelsorger und Lehrer, sodann in größeren Städten mit dem Distriktsvorsteher, in kleineren Gemeinden mit dem Bürgermeister. Der Waisenrat wird wichtigere Angelegenheiten mit diesen besprechen, wenn ihre Mitwirkung notwendig oder ihr Urteil wertvoll erscheint. Dabei wird der Waisenrat manches erfahren, was ihm bisher entgangen ist, auf andere Gesichtspunkte aufmerksam werden und durch Erörterung des Für und Wider in den Stand gesetzt, die Sache richtiger zu beurteilen und zugleich seine Meinung zur Geltung zu bringen.

Beispiel: Der vermögenslose Mündel hat den Wunsch Schuhmacher zu werden. Der Vormund vertritt sein Anliegen und beantragt bei der Armenpflege die Vorschießung des Lehrgeldes von 100 *M*, stößt aber auf Schwierigkeiten. Der Waisenrat neigt sich der Anschauung zu, daß es zum Besten des Knaben ist, wenn er das Handwerk erlernt, will sich aber noch näher unterrichten. Er ersucht deshalb den Lehrer um Mitteilung über die körperliche Eignung, die Fähigkeiten und die Sinnesrichtung des Knaben und erhält günstige Auskunft. Nunmehr bespricht er die Sache unter Zuziehung des Vormundes mit dem Armenpfleger sowie mit dem Vorstand und einigen Mitgliedern des Armenpflegschaftsrates und erzielt den gewünschten Erfolg.

Eine ausdrückliche Vorschrift besagt, daß der Waisenrat mit den Mitgliedern des Armenpflegschaftsrates und den Bezirksarmenpflegern in stetem gegenseitigen Benehmen bleiben und insbesondere dem Armenpflegschaftsrat Mitteilung zu machen hat, wenn er davon Kenntnis erlangt, daß die Erziehung von Kindern, für welche aus der Armenkasse Unterstützung gewährt wird, von dem Vater, der Mutter, dem Vormund oder dem Pfleger vernachlässigt wird. Die Mitteilung muß auch geschehen, wenn die Armenkasse einer anderen Gemeinde die Unterstützung leistet.

Es liegt auf der Hand, daß gute persönliche Beziehungen zu den übrigen Behörden des Ortes das Zusammenarbeiten wesentlich erleichtern. Der Waisenrat wird sich deshalb bemühen, angenehme Beziehungen herzustellen und zu pflegen. In Orten mit Fabriken und größeren Gewerbebetrieben wird der Waisenrat auch mit den Gewerbeaufsichtsbeamten gelegentlich ihrer Anwesenheit in Meinungsaustausch darüber treten, ob minderjährige Arbeiter, Gesellen, Lehrlinge gefährdet sind und eine Fürsorgetätigkeit für sie zu entfalten ist. Wo ein Berufsvormund aufgestellt ist, wird der Waisenrat mit ihm einträchtig zusammenarbeiten.

Vorsicht ist geboten im Verkehr mit den äußeren Polizeibehörden und besonders mit den Vollzugsorganen — Schutzmannschaft, Gendarmerie, Polizeidiener —, damit die Bevölkerung das vielfach vorhandene Mißtrauen gegen die Polizei nicht auf den Waisenrat überträgt. Nichts würde die Tätigkeit des Waisenrates mehr lähmen als der Verdacht, er sei mit der Polizei verbündet und überbringe ihr Nachrichten. Die Erstattung oder Herbeiführung von Strafanzeigen gehört nicht zum Wirkungskreise des Waisenrates. Er verständigt die Polizei nur im Notfalle, um dringende Gefahren von einem Mündel oder Kinde abzuwenden und um die Begehung von Verbrechen zu verhüten. Andrerseits kann nicht empfohlen werden, daß der Waisenrat den Verkehr mit den Polizeibeamten meidet; denn er ist auf ihre Hilfe oft angewiesen, z. B. bei der Ermittlung der persönlichen Verhältnisse zugezogener Mündel, bei der Beaufsichtigung wandernder Minderjähriger.

Dem Waisenrat ist zu raten, daß er mit den Waisenräten der angrenzenden Bezirke dienstfreundlichen Verkehr unterhalte. Durch gegenseitige Auskünfte und Mitteilungen können sich die Waisenräte die Amtsführung beträchtlich erleichtern.

Staats- und Gemeindebehörden jeder Art, z. B. Bezirksamt, Staatsanwalt, Amtsanwalt, Strafrichter, Gewerbe- oder Wohnungsaufsichtsbeamter, Bürgermeister einer beliebigen Gemeinde, sind befugt, den Waisenrat um Auskunft anzugehen. Den Ersuchen muß er nach Möglichkeit Folge leisten. Ebenso wenn von ihm eine in seinen Wirkungskreis fallende gutachtliche Äußerung gewünscht wird.

Besonders wichtig ist die Gutachtertätigkeit des Waisenrates bei der Handhabung der sogenannten bedingten Begnadigung, nämlich bei der Entscheidung, ob einem bestraften Minderjährigen, der nur aus Leichtsinn und Unbesonnenheit gefehlt hat oder bei sofortiger Vollstreckung der Freiheitsstrafe in seinem Fortkommen gefährdet wäre, unter Aussetzung des Strafvollzugs eine Bewährungsfrist bewilligt werden soll, und bei der Nachforschung, ob sich der dieser Wohltat teilhaft gewordene Minderjährige in der Bewährungsfrist gut geführt und dadurch den Erlaß der Strafe verdient hat. Der Waisenrat wird in diesen Geschäften nur auf besonderes Anfordern tätig.

Auskunft und Gutachten sollen auf sorgfältiger Erkundigung und gewissenhafter Erwägung beruhen, wahr und gerecht sein. Daß sich die Verpflichtung zur Auskunft gegenüber Behörden gleichmäßig auf Mündel und auf unter elterlicher Gewalt stehende Minderjährige erstreckt, sei kurz hervorgehoben.

Mit den Gemeinde- oder Staatsbehörden, die am Wohnorte des Waisenrates ihren Sitz haben, wird vielfach mündlicher oder telephonischer Verkehr möglich sein. Schriftliche Äußerungen fasse der Waisenrat knapp, jedoch nicht auf Kosten der Vollständigkeit; all' das was die andere Behörde zu wissen wünscht, sei darin enthalten. Höflichkeitsformen sind überflüssig, aber die Achtung vor der anderen Behörde darf nicht verletzt werden.

---

13. Kapitel.

Die dienstliche Stellung des Waisenrats.

Bayerisches Ausführungsgesetz zum Bürgerlichen Gesetzbuch Art. 94—99. — Gemeindeordnung für die Landesteile r. d. Rheins Art. 79, 80, 125, 127, 154, 166, 167. — Pfälzische Gemeindeordnung Art. 57, 86, 87, 96. — Gesetz über die öffentliche Armenpflege Art. 23. — Reichsstrafgesetzbuch §§ 332, 359. — Bayerisches Ausführungsgesetz zur Reichsstrafprozeßordnung Art. 106, 112. — Bekanntmachung vom 10. Juli 1902, betr. die Dienstsiegel der Gemeindewaisenräte. — Bekanntmachung vom 22. Dezember 1899, betr. den Gemeindewaisenrat.

In jeder politischen Gemeinde Bayerns ist ein Gemeindewaisenrat als Behörde bestellt. In Städten mit mehr als 100 000 Einwohnern kann für einen Stadtteil ein Gemeindewaisenrat, für die ganze Stadt also eine Mehrzahl dieser Behörden im Benehmen mit dem Vormundschaftsgericht eingerichtet werden.

In Gemeinden mit städtischer Verfassung und in Gemeinden mit mehr als 5000 Einwohnern ist der Gemeindewaisenrat als Kollegium eingerichtet. Den Vorsitz führt der Bürgermeister, Beisitzer sind auf Grund der Wahl die Waisenräte. Diese verkehren aber innerhalb des ihnen zugewiesenen Geschäftskreises einzeln und unmittelbar sowohl mit den Vormundschaftsgerichten als auch mit den Vormündern und Pflegern. Im übrigen bestimmt sich die Verfassung dieser Gemeindewaisenräte nach der örtlichen, von den Gemeindeverwaltungskörpern beschlossenen Satzung. Darin kann — was zweckmäßig ist — vorgesehen sein, daß die einzelnen Waisenräte örtlich abgegrenzte Bezirke haben.

Der Gemeindewaisenrat der diesrheinischen Landgemeinden mit 5000 oder weniger Einwohnern und aller Gemeinden der Pfalz mit nicht mehr als 5000 Einwohnern ist kein Kollegium, sondern für die Gemeinde ist entweder nur ein Waisenrat bestellt, der alle Geschäfte für den ganzen Gemeindebezirk besorgt, oder die Gemeinde ist in zwei oder mehrere örtliche Bezirke geteilt, für welche je ein Waisenrat tätig ist. Die Waisenräte aller dieser Gemeinden sind Einzelbeamte in jeder Hinsicht und verkehren nicht nur unmittelbar mit den Vormundschaftsgerichten, Vormündern und Pflegern, sondern sind auch sonst in ihrer Geschäftsbehandlung ganz selbständig, z. B. im Verkehr mit anderen Behörden. Bei ihrer Amtsführung findet keine Mitwirkung des Bürgermeisters oder der Gemeindeverwaltung statt. In dieser Stellung befinden sich die weitaus meisten bayerischen Waisenräte.

In allen Gemeinden hat sich die Gemeindebehörde vor der Bestimmung der Zahl der Waisenräte, vor der Abgrenzung der Bezirke und vor jeder Änderung in diesen Dingen mit dem Vormundschaftsgericht zu benehmen und die daraufhin getroffene Maßregel dem Gericht anzuzeigen.

Im diesrheinischen Teile Bayerns werden die Waisenräte in Gemeinden mit städtischer Verfassung von den zu einem Wahlkörper vereinigten Magistratsmitgliedern und Gemeindebevollmächtigten, in Landgemeinden von der Gemeindeverwaltung (Gemeindeausschuß) gewählt, in der Pfalz vom Gemeinderat. Wählbar ist, wer Mitglied des Armenpflegschaftsrates werden kann, d. i. jeder volljährige Mann, der in der Gemeinde wohnt und eine direkte Steuer entrichtet, nicht zu Zuchthaus oder Ehrenstrafe verurteilt, nicht entmündigt und auch sonst in der Verwaltung seines Vermögens gerichtlich nicht beschränkt ist. Ausgeschlossen sind Militärpersonen. Einfache Stimmenmehrheit genügt zur Wahl. Fällt eine der bezeichneten Voraussetzungen weg, so zieht dies den Verlust des Amtes nach sich.

Der Gewählte ist in den diesrheinischen Landesteilen zur Annahme der Wahl verpflichtet. Er darf indessen ablehnen, wenn er 60 Jahre alt ist, wenn er häufig oder länger außerhalb der Gemeinde zu weilen durch seinen Beruf gezwungen ist, wenn er sechs Jahre lang ein Gemeindeamt versehen hat oder wenn er wegen körperlicher oder geistiger Gebrechen zur Amtsführung unfähig ist. Aus einem dieser Gründe kann auch während der Amtsdauer der Rücktritt erklärt werden; Niederlegung ohne Grundabgabe oder aus einem anderen Grunde ist unzulässig. Doch kann einem Waisenrat aus sonstigen triftigen Gründen die nachgesuchte Entlassung mit Genehmigung der vorgesetzten Verwaltungsbehörde bewilligt werden.

In der Pfalz ist es hingegen gestattet, beliebige Gründe für die Ablehnung oder den Rücktritt geltend zu machen.

Darüber ob ein Ablehnungs- oder Rücktritts- oder Entlassungsgrund vorliegt, entscheiden die nämlichen gemeindlichen Vertretungskörper, denen die Wahl zusteht.

Der Gewählte hat das Amt des Waisenrats bis zur nächsten ordentlichen Gemeindewahl zu führen, wenn nicht vor Ablauf der Amtsdauer gültig der Rücktritt erklärt wird oder eine Voraussetzung der Wählbarkeit wegfällt. Die regelmäßige Amtsdauer beträgt hienach in der Pfalz fünf Jahre, in den Orten diesseits des Rheins mit Landgemeindeverfassung sechs Jahre.

Der Waisenrat hat keinen Ersatzmann. Bei vorübergehender Verhinderung kann, woferne nicht der Gemeindewaisenrat als Kollegium besteht, die Gemeindeverwaltung oder ein von ihr beauftragtes Mitglied die unverschieblichen Waisenratsgeschäfte besorgen; dies geschieht jedoch nicht in Vertretung des Waisenrats. Bei längerer Verhinderung, beim Ableben des Waisenrats oder bei Eintritt der Amtsunfähigkeit ist ein neuer Waisenrat zu wählen.

Der Waisenrat wird durch den Bürgermeister auf Handschlag verpflichtet. Die Verpflichtung kann unterbleiben, wenn der Waisenrat bereits ein anderes öffentliches Amt bekleidet, z. B. als Pfarrer, Lehrer, Magistratsrat, Armenpfleger, Mitglied des Gemeindeausschusses oder Gemeinderats, Gemeindediener. Bei der Verpflichtung ist der Waisenrat darauf hinzuweisen, daß er Amtsverschwiegenheit zu beobachten hat. Er empfängt die Waisenliste samt den Beilagen, die dienstliche Anweisung zur Führung des Waisenratsamtes, die Doppelpostkarten und die sonstigen Dienstpapiere des früheren Waisenrats. In dem über die Verpflichtung und Einweisung zu errichtenden Protokolle ist festzustellen, daß die Übergabe der Sachen vollzogen wurde. Ist die Anweisung zur Führung des Waisenratsamtes nicht mehr vorhanden, so ist vom Vormundschaftsgericht ein neues Stück zu erholen.

Dem Vormundschaftsgericht ist jeder Abgang, sowie jede Wahl und Verpflichtung eines Waisenrats anzuzeigen.

Der Waisenrat hat neben seinen besonderen Geschäften die allgemeinen Pflichten eines Beamten. Er muß daher gerecht und unparteiisch sein und darf sich nur von sachlichen Rücksichten leiten lassen. Gefühlen der Freundschaft oder Feindschaft, der Mißgunst, Rücksichten auf Verwandte oder Nachbarn, der Furcht vor Anfeindung oder Vermögenseinbuße gibt er bei seiner Geschäftsführung als Waisenrat nicht Raum. Bei besonderer Gefahr erstattet er verschwiegene Berichte, s. d. 11. Kapitel. Eigennutz ist dem Waisenrat fremd. Er vermeidet bei seiner Amtsübung sogar den Schein als wolle er sich dadurch einen Vermögensvorteil verschaffen und läßt sich daher weder durch Geschenke oder Versprechungen bestechen noch durch Drohungen einschüchtern. Da sein Amt ein Ehrenamt ist, darf er für seine Tätigkeit keinerlei Vergütung annehmen; Verfehlung gegen diese Pflicht bringt ihn in die Gefahr der Bestrafung wegen Verbrechens der Bestechung. Der Waisenrat ist — über die Dauer der Amtsführung hinaus — zur Amtsverschwiegenheit verpflichtet. Diese Pflicht erstreckt sich auf alles, was er kraft seiner amtlichen Tätigkeit erfährt, insbesondere auf die Familien- und Vermögensverhältnisse der Mündel, Pfleglinge und gefährdeten Kinder. Zuwiderhandlung wird mit Geld bis zu 600 *M* bestraft.

Das Vertrauen der Einwohnerschaft, dessen der Waisenrat so sehr bedarf, erwirbt er sich am leichtesten durch gewissenhafte Beobachtung dieser Grundsätze.

An den Ehrenrechten der unbesoldeten Gemeindebeamten, z. B. Vortritt bei öffentlichen Feierlichkeiten, nimmt der Waisenrat teil.

Den sachlichen Aufwand des Waisenrats hat die Gemeinde zu tragen. Dazu gehören die Kosten der nötigen Schreibmaterialien (Papier, Tinte, Federn, Löschblätter, Formulare, Briefumschläge) sowie der Erneuerung der Waisenliste und die Portoauslagen für portopflichtige Sendungen. Auch einen bescheidenen Aktenschrank, der zur Aufbewahrung der Amtspapiere des Waisenrats dient, wird die Gemeinde auf Verlangen zur Verfügung stellen müssen. Ebenso obliegt die Anschaffung eines Dienstsiegels für den Gemeindewaisenrat der Gemeinde; es ist aber zu beachten, daß die Führung eines Dienstsiegels nicht vorgeschrieben ist. Die Gemeinde hat sodann Sorge zu tragen, daß die Zuschriften dem Waisenrat sofort überbracht werden, wenn sie nicht seine persönliche Adresse tragen. Viele Behörden und Personen kennen die Bezirkseinteilung nicht und richten deshalb ihre Schreiben an den Gemeindewaisenrat. In Städten und Gemeinden mit mehr als 5000 Einwohnern öffnet die Schreiben der Vorsitzende des Gemeindewaisenrates, in den übrigen Gemeinden einer der Waisenräte. Ist dieser nicht zuständig, hat er das Schreiben schleunig an den zuständigen Waisenrat gelangen zu lassen. Die Bestell- und Botendienste hiefür einzurichten, ist Sache der Gemeinde.

Die Disziplinargewalt über die Waisenräte im diesrheinischen Landesgebiet übt in Gemeinden mit städtischer Verfassung der Magistrat, in den übrigen Gemeinden kommt sie dem Gemeindeausschusse zu. In der Pfalz wird die Disziplin durch den Gemeinderat gehandhabt. Die Disziplinargewalt gibt die Befugnis Verfehlungen gegen die Amtspflichten mit Verweis, Geldbußen, zeitlicher und völliger Dienstenthebung zu ahnden. Zur Aufsicht über die Amtsführung der Waisenräte und zur Handhabung der Dienststrafgewalt sind aber auch die staatlichen Verwaltungsbehörden befugt.

Das Vormundschaftsgericht ist zwar dem Waisenrat nicht übergeordnet, hat aber das Recht und die Pflicht durch Belehrung, Mahnung und Warnung nachzuhelfen, wenn die Dienstführung des Waisenrats mangelhaft ist, und der Verwaltungsbehörde Mitteilung zu machen, wenn der Waisenrat für die Stelle ungeeignet ist.

---

14. Kapitel.

Die Verantwortung des Waisenrats.

Jeder Beamte ist zu sorgfältiger Amtsführung rechtlich verpflichtet. So auch der Waisenrat. Er ist zunächst dem Vormundschaftsgericht und dem Staate, aber auch den Mündeln und Kindern verantwortlich, daß er die Fürsorge für diese, die Überwachung und eine gebotene Anzeige nicht unterläßt und auch in den übrigen Angelegenheiten alle Mühe aufwendet um für die seiner Aufsicht Anbefohlenen das Beste zu erreichen. Diese Verantwortung kann sich unter Umständen in eine Vermögenshaftung verwandeln. Wenn

z. B. der Waisenrat Kunde erhält, daß das Vermögen eines Mündels oder Kindes gefährdet ist — s. das 8. Kapitel, B und D —, und die Anzeige an das Vormundschaftsgericht unterläßt oder verzögert, ist er für den dadurch dem Mündel oder Kind erwachsenden Schaden mit seinem Vermögen haftbar. Die nämliche Haftung tritt ein, wenn der Waisenrat eine Person, die ihm als unredlich und untreu bekannt ist, als Vormund vorschlägt und diese Person in der Eigenschaft als Vormund dem Mündel vorsätzlich, etwa durch Unterschlagung oder Betrug, Schaden zufügt.

Wichtiger sei dem Waisenrat, daß er zur gründlichen Wahrnehmung der Amtsgeschäfte auch im Gewissen verpflichtet ist. Dieser sittlichen Verantwortung muß er sich ständig erinnern. Sie treibt ihn zu reger Überwachungstätigkeit und zur rücksichtslosen Bekämpfung aller schlimmen Erziehungseinflüsse an, sie gibt ihm aber auch die Kraft, unbeirrt durch Vorwürfe oder Mißgunst das was er tut gegenüber jedermann zu vertreten, wenn er nur sicher ist, daß er nach bestem Wissen und Können gehandelt hat.

---

15. Kapitel.

Das Beschwerderecht des Waisenrats.

Reichsgesetz über die Angelegenheiten der freiwilligen Gerichtsbarkeit §§ 20, 57 Nr. 9, 27, 29.

Der Verantwortlichkeit des Waisenrates entspricht sein Beschwerderecht. Der Waisenrat ist nämlich befugt, in gewissen Angelegenheiten gegen die Entscheidung des Vormundschaftsgerichts das Rechtsmittel der Beschwerde einzulegen.

An sich steht die Beschwerde jedem zu, dessen Recht durch die Verfügung des Vormundschaftsgerichts beeinträchtigt ist. Wenn z. B. das Vormundschaftsgericht einem Vater das Recht der Verwaltung des Vermögens des Kindes beschränkt oder entzogen hat, kann der Vater gegen diesen Beschluß Beschwerde ergreifen; denn die gerichtliche Verfügung beeinträchtigt seine elterliche Gewalt. In Angelegenheiten, die die Sorge für die Person eines Mündels oder eines Kindes betrifft, ist der Kreis der Beschwerdeberechtigten auf alle ausgedehnt, die ein berechtigtes Interesse haben, eine solche Angelegenheit wahrzunehmen. Zu diesen Personen oder Behörden gehört der Waisenrat.

Beispiel: Der Waisenrat hat kraft seiner Anzeigepflicht gemeldet, daß der Vater ein Kind mehrmals nachts absichtlich ausgesperrt und auch sonst unwürdig behandelt habe, und sich gutachtlich dahin geäußert, daß diesem Vater das Erziehungsrecht völlig entzogen werde. Das Vormundschaftsgericht läßt es bei einer Verwarnung bewenden. In diesem Falle kann der Waisenrat Beschwerde einlegen; dadurch bewirkt er, daß das Vormundschaftsgericht die Sache nochmals prüfen und, wenn es sich der Ansicht des Beschwerdeführers nicht anschließen kann, die Entscheidung des Landgerichts veranlassen muß. Gegen die Entscheidung des Landgerichts steht dem Waisenrat die weitere Beschwerde zu, wenn die Entscheidung auf einer Verletzung des Gesetzes beruht.

Der Waisenrat kann die Beschwerde sowie die weitere Beschwerde schriftlich oder zu Protokoll des Gerichtsschreibers anbringen.

In der Rechtsprechung ist das Beschwerderecht des Waisenrates nicht ganz unbestritten.

16. Kapitel.

Waisenliste, Portovorschriften.

Bürgerliches Gesetzbuch § 1851. — Bekanntmachung vom 22. Dezember 1899 betr. den Gemeindewaisenrat. — Bekanntmachungen vom 13. August 1900 und vom 7. März 1904, die Führung der Waisenliste betr. — Bekanntmachungen vom 31. März 1902 und vom 5. April 1902, Portopflicht und Postkarten im dienstlichen Verkehr der Gemeindewaisenräte betr. — Bekanntmachung vom 24. Mai 1907, betr. die Führung der Waisenlisten hinsichtlich der Zwangserziehung. — Verordnung vom 22. Dezember 1907, betr. die Portofreiheit, samt Vollzugsbekanntmachung vom 25. Dezember 1907. — Justizministerial-Bekanntmachung vom 18. Dezember 1908.

Als Hilfsmittel bei der Überwachung der Mündel und Pfleglinge, sowie ihrer Vormünder und Pfleger dient dem Waisenrat die Waisenliste. Sie ist nach dem auf Seite 75 wiedergegebenen Muster zu führen und enthält das Verzeichnis der genannten zu beaufsichtigenden Personen.

In Gemeinden mit städtischer Verfassung sowie in Gemeinden mit mehr als 5000 Einwohner sorgt der Vorsitzende des Gemeindewaisenrats für die Führung der Waisenliste. Er übergibt jedem Waisenrat die zu seinem Geschäftskreise gehörenden Mitteilungen der Vormundschaftsgerichte, der Vormünder, der Pfleger und anderer Waisenräte; auf Grund dieser Mitteilungen führt der Waisenrat

Des Mündels oder Pfleglings			Vornamen und Familiennamen und Stand oder Gewerbe, sowie Wohnort (Wohnung) d. Vaters bzw. bei unehelichen Kindern der Mutter des Mündels oder Pfleglings	Vornamen und Familiennamen, Stand oder Gewerbe, Wohnort (Wohnung) des Vormundes oder Pflegers	Vornamen und Familiennamen, Stand oder Gewerbe, Wohnort (Wohnung) des Gegenvormundes	Bemerkungen Hier ist insbes. anzugeben: a) das Aktenzeichen und das Vormundschaftsgericht; b) bei volljähr. Mündeln der Grund der Vormundschaft; c) der Gemeindewaisenrat, an den die Überweisung erfolgt ist, und Tag der Absendung der Anzeige.
Vornamen und Familiennamen (in größeren Orten Angabe der Wohnung)	Geburtszeit	Religion				

ein Verzeichnis. Sind, wie es gewöhnlich der Fall ist, den Waisenräten örtliche Bezirke zugewiesen, so führt jeder Waisenrat eine Bezirkswaisenliste.

In den übrigen Gemeinden führt jeder Waisenrat die Waisenliste für seinen Bezirk auf Grund der ihm zugehenden Mitteilungen.

Die Waisenliste ist nach der alphabetischen Reihenfolge der Familiennamen der Mündel und Pfleglinge angelegt und so eingerichtet, daß unter jedem Buchstaben weitere Einträge gemacht werden können. Auch die Mitteilungen zur Liste werden in dieser alphabetischen Reihenfolge aufbewahrt. Als zweckmäßig hat sich die Anbringung eines Alphabet-Einschnittes ergeben, da er ermöglicht, jeden Buchstaben sofort aufzuschlagen. Der Umfang der Liste ist so zu bemessen, daß sie für mehrere Jahre geführt werden kann. Sie ist in einen festen Umschlag einzuheften oder mit einem dauerhaften Einband zu versehen.

Die Liste, ursprünglich auf Grund der Gerichtsakten hergestellt, soll dem Waisenrat eine Übersicht über die seiner Überwachung anvertrauten Mündel und Pfleglinge gewähren und über ihre wichtigsten persönlichen Eigenschaften und Verhältnisse (Alter, Abstammung, Familienzugehörigkeit, Religion, Wohnung, Pflegeeltern oder Hauswirte), sowie über die Persönlichkeit und den Wohnort des Vormunds oder Pflegers Aufschluß geben. Ihren Zweck erfüllt die Waisenliste nur, wenn sie richtig und vollständig ist, d. h. wenn jeweils die Mündel, die sich im Bezirk aufhalten, eingetragen und die weggezogenen gestrichen (gelöscht) sind.

Damit die Liste richtig und vollständig sei, sind folgende Anordnungen getroffen:

a) Das Vormundschaftsgericht hat dem Gemeindewaisenrat die Anordnung der Vormundschaft oder der die Fürsorge für die Person einschließenden Pflegschaft über jeden sich im Bezirk des Gemeindewaisenrats aufhaltenden Mündel oder Pflegling unter Bezeichnung des Vormunds, Gegenvormunds, Pflegers mitzuteilen, worauf der Gemeindewaisenrat den Eintrag vollzieht.

b) Auch über einen Wechsel in der Person des Vormunds, Gegenvormunds, Pflegers hat das Vormundschaftsgericht Mitteilung zu machen; auf Grund derselben stellt der Waisenrat den Eintrag richtig, indem er den Namen des früheren gesetzlichen Vertreters durchstreicht und den Namen des neuen darüberschreibt.

c) Wird der Aufenthalt eines Mündels oder Pfleglings in den Bezirk eines anderen Gemeindewaisenrats verlegt, so hat der Vormund oder Pfleger dies dem Gemeindewaisenrat des bisherigen Aufenthaltes mitzuteilen. Der Vormund oder Pfleger hat also den Mündel oder Pflegling bei dem Gemeindewaisenrat schriftlich oder mündlich abzumelden. Darauf löscht der Gemeindewaisenrat den Abgemeldeten in seiner Liste, er ist aber verpflichtet, entsprechende Mitteilung dem Gemeindewaisenrat des neuen Aufenthaltsortes zu machen, der darauf den Mündel oder Pflegling in seine Liste neu einträgt. Die Mitteilung hat alle zum vollständigen Eintrag erforderlichen Angaben zu enthalten. Neben dem gelöschten Eintrag vermerkt der Waisenrat des bisherigen Aufenthaltsortes, an welchen Gemeindewaisenrat und an welchem Tage er die Anzeige von der Verlegung des Aufenthaltes abgesandt hat.

Dieses Abmelde- und Überweisungsverfahren findet auch statt, wenn der Mündel oder Pflegling den Aufenthalt in einen anderen Waisenratsbezirk verlegt, aber in der nämlichen Gemeinde bleibt.

d) Von der Beendigung der Vormundschaft oder Pflegschaft hat das Vormundschaftsgericht dem Waisenrat Kenntnis zu geben; auf Grund dieser Mitteilung wird der Eintrag in der Liste gelöscht.

e) Alle in Familien untergebrachten Minderjährigen, deren Zwangserziehung oder vorläufige Unterbringung angeordnet ist, gleichviel ob sie Mündel sind oder unter elterlicher Gewalt stehen, sind in die Waisenliste aufzunehmen. Das Vormundschaftsgericht hat dazu entsprechend mitzuwirken und auch dafür zu sorgen, daß von jeder Unterbringung eines Mündels oder Pfleglings, sei es in einer Familie oder einer Anstalt, der Gemeindewaisenrat des bisherigen Aufenthaltsortes Kenntnis erlangt und daß er die Aufhebung der Zwangserziehung und die Beendigung der vorläufigen Unterbringung rechtzeitig erfährt.

Die Mitteilungen unter a), b), und c) sind durch das Bürgerliche Gesetzbuch vorgeschrieben, obliegen daher allen beteiligten Vormundschaftsgerichten, Vormündern, Pflegern, Gemeindewaisenräten, wo immer sie im Deutschen Reiche Amtssitz oder Wohnort haben.

Kraft besonderer Anordnung haben die bayerischen Waisenräte von der Verlegung des Aufenthalts des Mündels auch dem Vormundschaftsgericht Anzeige zu machen, jedoch nur den bayerischen Gerichten. Diesen obliegt, andererseits in jeder Weise zur Erhaltung der Richtigkeit der Liste mitzuwirken. Wenn z. B. ein Vormundschaftsgericht die bisher anderwärts geführte Vormundschaft aus Zweckmäßigkeitsgründen übernommen hat, wird es den Waisenrat behufs Richtigstellung der Liste verständigen. Das Vormundschaftsgericht des Wohnortes des Waisenrats hat jederzeit das Recht die Liste einzusehen.

Hat der Eintritt des Mündels in den Heeresdienst eine Verlegung des Aufenthaltes zur Folge, so wird der ganze Eintrag in der Waisenliste gelöscht, eine Überweisung findet nicht statt. Sie unterbleibt auch, wenn der Mündel ausschließlich zum Zwecke der Verbüßung einer Strafe seinen Aufenthalt ändert; der Waisenrat bringt aber eine Vormerkung in der Liste, etwa eine Bleistiftnotiz an, um später festzustellen, ob der Mündel zurückgekehrt oder verzogen ist. Das nämliche Verfahren empfiehlt sich, wenn der Mündel sich ins Ausland begibt, die Rückkehr aber noch möglich ist. Der Waisenrat streicht hingegen den Mündel, wenn der Mündel den Aufenthalt dauernd ins Ausland verlegt hat. Ist der Mündel nach Österreich verzogen, so meldet das der Waisenrat dem Vormundschaftsgericht, damit dieses die Überwachung des Mündels durch den zuständigen österreichischen Waisenrat veranlaßt.

Bei Eintritt der Volljährigkeit des wegen Minderjährigkeit unter Vormundschaft stehenden Mündels, also bei Vollendung des 21. Lebensjahres, kann der Mündel ohne weiteres schon vor dem Eintreffen der gerichtlichen Mitteilung über Aufhebung der Vormundschaft gestrichen werden.

Die Erfahrung lehrt, daß viele Vormünder und Pfleger der Abmeldepflicht ungenügend oder gar nicht nachkommen und infolgedessen die Waisenliste zahlreiche Unrichtigkeiten und Lücken aufweist. Wie kann dieser Mangel, den schon jeder Waisenrat empfunden hat, beseitigt oder doch auf ein erträgliches Maß zurückgeführt werden?

Zunächst durch Beihilfe des Vormundschaftsgerichtes, indem es den Vormund mündlich oder schriftlich immer wieder an seine Abmeldepflicht erinnert und ihn, sobald es von der Aufenthaltsverlegung des Mündels Kenntnis erlangt, zur Abmeldung anhält. Allein dieses Mittel kann nicht fort und fort sondern nur bei Gelegenheit angewendet werden. Daher müssen auch die Waisenräte selbst zur Erhaltung der Richtigkeit und Vollständigkeit tätig mitwirken. Der eifrige Waisenrat unterrichtet sich in Landgemeinden durch stete Fühlung mit dem Bürgermeister, Lehrer, Gemeindeschreiber und Gemeindediener, in Städten im Benehmen mit dem Einwohnermeldeamt, dem Distriktsvorsteher, Bezirksinspektor und der Schule des Bezirks über den Zuzug und Wegzug von Mündeln und Pfleglingen und ihren früheren und jetzigen Aufenthaltsort. Besucht der Waisenrat seine Mündel regelmäßig, so kann ihm der Wegzug nicht lange verborgen bleiben; er kann aber auch seine Besuche und Rundgänge dazu benützen, um zugezogene Mündel zu erfragen.

Einfach liegt die Sache beim Wegzug des Mündels. Erfährt der Waisenrat verlässig, der Mündel J sei nach Z, Kaiserstraße 14, verzogen, so braucht er nicht erst auf die Abmeldung des Vormunds zu warten. Er berichtigt die Waisenliste ohne weiteres und vollzieht die Überweisung; denn die Abmeldung des Vormunds ist durch die sichere Kunde vom Wegzug ersetzt. Es bleibt aber dem Waisenrat unbenommen, den Vormund zur Abmeldung anzuhalten oder ihn hinterher an seine Pflicht zu erinnern.

Stellt der Waisenrat den Zugang eines Mündels fest, so erkundigt er sich nach dessen Namen und Alter, nach dem Vormund und dem Vormundschaftsgericht und wendet sich entweder an den Vormund, damit dieser die Abmeldung beim Waisenrat des früheren Wohnortes besorgt, oder an das Vormundschaftsgericht, damit dieses die Überweisung veranlaßt, oder an den Gemeindewaisenrat des früheren Aufenthaltsortes behufs Vollzugs der Überweisung. Bis diese erfolgt, trägt der Waisenrat den Mündel nur vorläufig — mit Bleistift — ein; die Überwachung ist jedoch sofort zu üben.

Die Mitwirkung des Waisenrats ist auch dazu erforderlich, daß die sonstigen Zugänge (uneheliche Neugeborene, Doppelwaisen gewordene eheliche Kinder) und Abgänge (verstorbene Mündel, durch Eheschließung der Eltern legitimierte Kinder) in der Waisenliste durchgeführt werden; zu diesem Zwecke setzt sich der Waisenrat mit dem Vormundschaftsgericht ins Benehmen, wenn die gerichtliche Mitteilung ausbleibt.

In der Spalte „Bemerkungen" ist auch die Nummer des gerichtlichen Vormundschaftsverzeichnisses einzutragen, z. B. V. V. 51/1908; der Waisenrat bedarf dieser Nummer, wenn er dem Gericht irgend eine Mitteilung macht, z. B. über den Aufenthaltswechsel des Mündels.

Dem Waisenrat muß dringend empfohlen werden, die Waisenliste selbst zu führen und die Einträge eigenhändig zu machen. Andernfalls verliert er die Fühlung mit seinen Geschäften und wird abhängig.

So sehr es Pflicht des Waisenrates ist, auf Richtigkeit und Brauchbarkeit seiner Liste bedacht zu sein, muß er doch bedenken, daß die Liste nicht Selbstzweck, sondern nur ein Hilfsmittel oder Werkzeug ist. Die Überwachung der Mündel oder Pfleglinge und die praktische Fürsorge für sie steht im Vordergrund und ist das wichtigste Arbeitsfeld des Waisenrates.

Die Mitteilungen zur Waisenliste, die an den Waisenrat von Vormundschaftsgerichten oder anderen Gemeindewaisenräten gelangen, also die Mitteilungen über Eröffnung der Vormundschaft oder Pflegschaft und über einen Wechsel in der Person des Mündels, hat der Waisenrat solange aufzubewahren, bis er den ganzen Eintrag streichen kann, also bis zum dauernden Wegzug des Mündels oder bis zur Beendigung der Vormundschaft.

Diese Beilagen der Waisenliste verwendet der Waisenrat zweckmäßig zu Vormerkungen, die ihm wichtig oder nötig scheinen. Er schreibt z. B. auf die Beilage: „Mündel am 14. 3. 1910 besucht, vor dem Umgang mit dem schlimmen N. N. verwarnt" oder „Mündel stammt von tuberkulösen Eltern, bedarf besserer Pflege und Ernährung". Der Waisenrat kann solche kurze Vermerke übrigens auch in Spalte 7 der Waisenliste eintragen.

Wird der Mündel in der Waisenliste gestrichen, so vernichtet der Waisenrat alle auf ihn bezüglichen Mitteilungen.

Wenn der Eintrag in der Liste durch wiederholte Überschreibungen in einer Spalte unübersichtlich wird, ist es zweckmäßig, den ganzen Eintrag in allen Spalten zu löschen und den augenblicklich geltenden Inhalt an nächstoffener Stelle unter dem nämlichen Anfangsbuchstaben vorzutragen. Ist die Liste durch viele Löschungen oder Überschreibungen unübersichtlich geworden, so muß eine ganz neue Liste angelegt und in diese der noch geltende Inhalt der alten Liste übertragen werden. Vorher empfiehlt sich durch Kontrollbesuche, Anfragen bei Gericht und andere Forschungen festzustellen, welche Einträge in der alten Liste überholt sind oder fehlen, und erst nach Richtigstellung und Ergänzung der alten Liste die Übertragung auszuführen. Nach Beobachtungen ist zu schließen, daß die Waisenliste im Durchschnitt alle 8 Jahre der Umlegung bedarf, bei rascherem Wechsel der Mündel in noch kürzeren Zwischenräumen.

Zur Mitteilung über Verlegung des Aufenthalts der Mündel verwendet der Waisenrat Doppelpostkarten mit Vordruck, die ihm nach Bedarf durch das Vormundschaftsgericht seines Wohnortes zur Verfügung gestellt werden. Die eine Postkarte trägt einen Dienstmarkenstempel über 5 Pfennig, ist zur Mitteilung an den Gemeindewaisenrat des neuen Aufenthaltsortes bestimmt und innerhalb des Deutschen Reiches zu verwenden. Die andere Postkarte, die beim Gebrauch abgetrennt wird, ist infolge Ablösung portofrei, nur zur Mitteilung an ein bayerisches Vormundschaftsgericht bestimmt und lediglich im Verkehr innerhalb Bayerns verwendbar; zu einer Mitteilung dieser Art an ein nichtbayerisches Vormundschaftsgericht ist der Waisenrat nur auf besondere Aufforderung verpflichtet.

Beispiel: Über den Mündel wird Vormundschaft beim preußischen Amtsgericht Fulda geführt. Der Mündel hat sich bisher in Kitzingen aufgehalten und verlegt den Aufenthalt nach Mainz. Der Waisenrat in Kitzingen verwendet zur Mitteilung an den Gemeindewaisenrat Mainz die Postkarte mit dem Dienstmarkenstempel, die andere trennt er ab ohne sie zu verwenden. Er würde auch diese verwenden, wenn die Vormundschaft bei einem bayerischen Amtsgerichte geführt würde.

Solche abgetrennte Postkarten kann der Waisenrat verwenden, wenn er die Überweisung an den Waisenrat des Nachbarbezirkes mündlich ausführt, jedoch dem bayerischen Vormundschaftsgericht schriftliche Anzeige erstattet.

Die Doppelpostkarten sind Wertsachen, daher sorgfältig aufzubewahren und nur zu ihrer Bestimmung zu verwenden.

Auf der Vorderseite der beiden Postkarten muß der Waisenrat den Mangel eines Dienstsiegels durch handschriftliche Einschreibung seines Familiennamens bestätigen. Die Einträge sind gewissenhaft und vollständig zu machen, insbesondere ist die Wohnung des Mündels am neuen Aufenthaltsorte anzugeben. Auf ihre Ermittlung muß der Waisenrat vorher bedacht sein; gelingt die Feststellung nicht, ist dies anzugeben, etwa mit den Worten: Wohnung war nicht zu ermitteln. In der Spalte Bemerkungen können häufig sachdienliche Hinweise angebracht werden, die dem Waisenrat des neuen Wohnortes wertvoll sind, z. B. „Mündel ist kränklich", „ist strenge zu überwachen".

Die übrigen Schreiben des Waisenrates sind infolge der Zahlung einer Pauschsumme (Ablösungssumme) portofrei, wenn sie an bayerische Staatsbehörden gerichtet sind. Für den dienstlichen Verkehr des Waisenrates kommen insbesondere folgende Behörden in Betracht: die Gerichte, Gerichtsschreiberei, Gerichtsvollzieherei, Bezirksämter, Kreisregierungen, die Polizeidirektion und die Polizeiämter in München, Amtsanwälte, Staatsanwälte, Bezirksärzte, Lokalschulinspektionen, Lokalschulkommissionen, die Gewerbeaufsichtsbeamten, Gefangenanstalten, das Zentral-Blindeninstitut in München, die

Zentralanstalt für Erziehung und Bildung krüppelhafter Kinder in München, das Zentraltaubstummeninstitut allda, die K. Bildungsanstalten. Außer an die Staatsbehörden kann der Waisenrat auch portofreie Schreiben senden an die Berufsgenossenschaften der Unfallversicherung und ihre Sektionen, an die Versicherungsanstalten der Invaliden- und Altersversicherung und an die Magistrate der kreisunmittelbaren Städte.

Voraussetzung der portofreien Beförderung der Schreiben ist: auf der Aufschriftseite des Briefumschlages oder der Postkarte ist der Gemeindewaisenrat N. als Absender zu bezeichnen und der Vermerk: „frei durch Ablösung" sowie — wenn kein Dienstsiegel verwendet wird — die Angabe „In Ermangelung eines Dienstsiegels" anzubringen; letztere Angabe ist vom Gemeindewaisenrat handschriftlich durch Beisetzung seines Namens und der Amtsbezeichnung „Waisenrat" zu bestätigen.

Den Waisenräten wird dringend empfohlen hiefür Umschläge mit Aufdruck bereit zu halten und zu verwenden, etwa nach folgendem Muster:

Vom Gemeindewaisenrat ....

An

das K. Amtsgericht

Frei durch Ablösung.

In Ermanglung eines Dienstsiegels:

.............................., Waisenrat.

Die Beschaffung dieser Formulare verursacht der Gemeinde unbedeutende Kosten und gibt einige Sicherheit gegen Übertretung der Vorschriften und deren Folgen.

Portopflichtig sind die Schreiben des Waisenrats an bayerische Gemeinden — mit Ausnahme der kreisunmittelbaren Städte —, an bayerische Pfarrämter und Armenpflegschaftsräte, an andere bayerische Waisenräte oder Gemeindewaisenräte. Ebenso werden alle Schreiben an außerbayerische Staats- oder Gemeindebehörden von der Portopflicht getroffen. Portopflichtig sind sodann die Schreiben der Waisenräte an Privatpersonen, also auch die an Vormünder oder Pfleger gerichteten. Ob der Waisenrat jedes einzelne portopflichtige Schreiben vor der Beförderung der Gemeindekanzlei zur Anbringung der Freimarke übergeben oder aber über seine Portoauslagen kurze Aufzeichnungen führen und von Zeit zu Zeit mit dem Gemeindepfleger darüber abrechnen will, mag er mit den beteiligten Gemeindebeamten vereinbaren.

17. Kapitel.

Waisenräteversammlungen.

Bayerisches Ausführungsgesetz zum Bürgerlichen Gesetzbuch Art. 99. — Vollzugsbekanntmachung vom 22. Dezbr. 1899, §§ 16—19. — Bekanntmachung vom 23. August 1900, den Gemeindewaisenrat betreffend.

Die Waisenräte sollen zeitweise zusammentreten, um ihre Kenntnisse und ihre Erfahrungen über die Beaufsichtigung der Erziehung und körperlichen Pflege der Mündel zu erweitern, allgemeine Fragen der Amtsführung zu besprechen, Mängel abzustellen und sich gegenseitig zu gewissenhafter Amtsführung anzueifern.

Die Versammlungen werden in unmittelbaren Städten und in den größeren Gemeinden der Pfalz vom Vorsitzenden des Gemeindewaisenrats berufen und geleitet. Der Vormundschaftsrichter, und wenn mehrere Richter als Vormundschaftsrichter tätig sind, alle Vormundschaftsrichter sind zur Versammlung einzuladen und können jederzeit das Wort zu Ausführungen verlangen.

Die Waisenräte der anderen Gemeinden, also die große Mehrzahl, werden vom Vormundschaftsrichter zusammen berufen. In diesen Versammlungen, die sowohl im Gerichtsgebäude als auch an einem anderen Orte des Bezirkes stattfinden können, führt der Vormundschaftsrichter den Vorsitz.

Die Waisenräte sollen alle zwei Jahre wenigstens einmal versammelt werden; öfter als einmal jährlich soll ihre Berufung nicht stattfinden. Ort und Zeit der Versammlungen sind so zu wählen, daß die Waisenräte so wenig als möglich belästigt und in ihren Berufsgeschäften beeinträchtigt werden. Waisenräte der Landgemeinden sollen z. B. nicht zur Zeit der Ernte berufen werden.

Die Waisenräte sind zur Teilnahme an den Versammlungen verpflichtet. Ist es einem Waisenrat aus wichtigen Gründen, z. B. wegen Krankheit, wegen einer unverschieblichen Reise, nicht möglich zu erscheinen, so hat er sein Ausbleiben beim Vorsitzenden unter Grundangabe zu entschuldigen. Zu den Versammlungen können auch die Waisenpflegerinnen eingeladen werden.

Der Zweck der Versammlungen wird nur erreicht, wenn die Waisenräte den Versammlungen mit voller Aufmerksamkeit folgen und sich daran durch Berichterstattung, Fragen und Antworten beteiligen. Gegenstand der Verhandlungen ist der gesamte Wirkungskreis der Waisenräte, insbesondere aber die Beaufsichtigung und Überwachung der Mündel und Vormünder und Fälle grober Vernachlässigung der Elternpflichten. Dem Waisenrat wird empfohlen, der Waisenliste einen Bogen beizulegen und darin alle Fragen und Zweifel zu vermerken, deren Lösung ohne Nachteil für den Mündel oder das Kind bis zur Versammlung verschoben werden kann. In der Versammlung bringt er diese Diuge vor; er wird vom Vormundschaftsrichter den gewünschten Aufschluß erhalten.

Der Vormundschaftsrichter erläutert in der Versammlung die einzelnen Pflichten des Waisenrats unter Hervorhebung der bei seiner Amtsführung wahrgenommenen Fehler, zeigt, wie in dem einen oder anderen Falle zu verfahren ist, gibt Anleitungen und Ratschläge, erteilt Auskunft auf Fragen, prüft an der Hand der Waisenliste und der Gerichtsakten, inwieweit der Waisenrat über die persönlichen Verhältnisse, die Pflege und die Erziehung eines Mündels unterrichtet ist und regelmäßige Besuche ausführt, besichtigt und kontrolliert die Waisenlisten, deren Mitnahme zur Versammlung regelmäßig aufzutragen ist, fordert zur Namhaftmachung und Erörterung schwieriger Fälle auf, und erkundigt sich, ob Jugendliche vorhanden sind, die unter besondere Überwachung oder in Zwangserziehung genommen werden sollen, oder ob grobe Vernachlässigungen von Mündeln oder Kindern vorgekommen sind, die wegen körperlicher oder geistiger Gebrechen besonderer Fürsorge oder einer Kur oder der Anstaltsbehandlung bedürfen.

Als nutzbringend hat sich erwiesen, daß der Vormundschaftsrichter bald in dieser bald in jener Gemeinde anschließend an die Waisenräteversammlungen und im Beisein der Waisenräte, des Pfarrers und der Lehrer sich die schulpflichtigen Mündel und die sonst besonderer Fürsorge bedürftigen Kinder einzeln vorstellen läßt oder Mündel besucht und deren Verhältnisse sowie etwaige Mängel und die Abhilfemittel gründlich erörtert. Diese Geschäfte bedürfen aber gehöriger Vorbereitung unter Beihilfe des Waisenrats und der Schulbehörde.

Die Waisenräte, deren Wohnort mehr als zwei Kilometer vom Versammlungsorte entfernt ist, erhalten eine Vergütung, nämlich Ersatz der Reisekosten und eine Aufwandsentschädigung. Als Reisekosten gelten der Fahrpreis für die 2. Klasse der Eisenbahn, für den ersten Platz auf einem Dampfboot, für die Postfahrt, allenfalls der Preis der Rückfahrkarte; wenn weder Eisenbahn noch Post noch Dampfboot benützt wird, wird der Satz von zehn Pfennig für jedes angefangene Kilometer des Hinweges und des Rückweges zugrunde gelegt. Die Aufwandsentschädigung beträgt drei Mark, wenn der Waisenrat auf die Versammlung einschließlich des Hinweges und des Rückweges mehr als vier Stunden verwenden mußte, anderenfalls zwei Mark. Die Vergütungen werden von dem die Versammlung leitenden Richter festgesetzt.

---

18. Kapitel.

Waisenpflegerinnen.

Bayerisches Ausführungsgesetz zum Bürgerlichen Gesetzbuch Art. 98.

Das Gesetz ermöglicht, Frauen zur Unterstützung des Waisenrats heranzuziehen. Dies geschieht durch die Übertragung des Ehrenamtes der Waisenpflegerin.

Die Waisenpflegerin hat die Aufgabe, unter der Leitung des Gemeindewaisenrats oder, wo Bezirkseinteilung besteht, des einzelnen Waisenrats innerhalb seines Bezirkes bei der Beaufsichtigung der im Kindesalter stehenden Mündel und bei der Überwachung weiblicher Mündel mitzuwirken. Ihre Fürsorge erstreckt sich also auf Mädchen im Alter bis zu 21 Jahren und auf Knaben im Alter bis zu 7 Jahren, sowie auf die volljährigen weiblichen Mündel.

Die Waisenpflegerin ist neben dem Waisenrat und dem Vormund tätig. Die Rechte dieser sind durch die Aufstellung und das Wirken der Waisenpflegerin nicht geschmälert. Bei Meinungsverschiedenheiten ist die Anschauung des Waisenrats maßgebend, andererseits werden Waisenrat und Vormund die Sachkunde und die Meinung der Waisenpflegerin sorgfältig würdigen. Der Umstand, daß die Waisenpflegerin Gehilfin des Waisenrats ist, hindert sie nicht, nach ihrem Ermessen Aufsicht und Überwachung zu üben. Sie muß keineswegs für jede Tätigkeit die Weisung oder Zustimmung des Waisenrats einholen, sondern hat nur zu beobachten, daß sie den Absichten des Waisenrats nicht entgegenhandelt; im übrigen bleibt ihr Raum für eigenes Wirken, das körperlicher Pflege und sittlicher Erziehung gleichmäßig gelten soll und den nämlichen Umfang hat wie die im Kapitel 7 behandelte dem Waisenrate obliegende Überwachung. Auch die Waisenpflegerin hat deshalb die Mündel regelmäßig zu besuchen. Die Waisenpflegerin findet auf dem Gebiete der Säuglingsfürsorge und des Mädchenschutzes besonders wichtige Arbeitsfelder, aber auch die sonstige fortlaufende Überwachung und Förderung der Kinder und Mädchen bietet ihr eine dankbare Aufgabe.

In Angelegenheiten, die die Kinderpflege, die Gesundheit eines Mädchens, seine körperliche Reife und Geschlechtsehre betreffen oder sonst mit besonderem Zartgefühl zu behandeln sind, wird der Waisenrat die Waisenpflegerin stets heranziehen und zu den nötigen Erkundigungen und Schritten vorschicken, andererseits aber auch ihrem Rat viel Gewicht beimessen. Die Amtspflichten einer Waisenpflegerin können übrigens durch eine Dienstanweisung (Instruktion) geregelt sein; diese wird vom Gemeindewaisenrat erlassen.

Häufig wird die Waisenpflegerin Veranlassung haben von Vereinen, Anstalten oder Einzelpersonen materielle Unterstützung für ihre Schützlinge zu erbitten; in diesem Falle wird sie die richtige Verwendung der Gaben kontrollieren.

Die Waisenpflegerin verkehrt nicht unmittelbar mit Behörden, sondern nur durch Vermittlung des Waisenrates, dem sie über die Ergebnisse ihrer Tätigkeit und besondere Vorgänge berichtet.

Zur Aufstellung von Waisenpflegerinnen ist in Städten und in Landgemeinden mit mehr als 5000 Einwohnern der Gemeindewaisenrat (Kollegium) zuständig, in Landgemeinden mit geringerer Einwohnerzahl werden die Waisenpflegerinnen vom Bürgermeister auf den Vorschlag des Waisenrates ausgewählt und aufgestellt. Eine gesetzliche Verpflichtung zur Bestellung von Waisenpflegerinnen besteht nicht. Die Aufstellung ist widerruflich. Zur Waisenpflegerin kann jede ehrbare und geeignete Frau, einerlei ob verheiratet oder nicht, berufen werden, jedoch nicht gegen ihren Willen. Die Waisenpflegerin ist zur Verschwiegenheit im nämlichen Grade wie der Waisenrat verpflichtet; bei der Aufstellung soll sie darauf hingewiesen werden. Die Aufstellung vollzieht sich formlos, die Waisenpflegerin legt kein Handgelübde ab.

19. Kapitel.

Kinderarbeit und Schutz jugendlicher Arbeiter.

Handelsgesetzbuch §§ 62, 76, 77, 81. — Gewerbeordnung §§ 42b, 57b, 60b, 62, 105a—105c, 106, 107, 120 ff., 126 ff., 135 ff., 154, 154a. — Reichsgesetz vom 30. März 1903, betr. Kinderarbeit in gewerblichen Betrieben (sog. Kinderschutzgesetz).

Zum Pflichtenkreise des Waisenrats gehört, daß er sich mit den wichtigsten Vorschriften über Kinderschutz und über Beschäftigung von Kindern und Jugendlichen in gewerblichen oder kaufmännischen

Betrieben vertraut macht und zur Abstellung von Mißständen, die sich durch Übertretung dieser Vorschriften ergeben, mitwirkt. Hervorzuheben sind hier folgende Bestimmungen:

Personen, die einen Gewerbebetrieb im Umherziehen ausüben, dürfen Kinder unter 14 Jahren zu gewerblichen Zwecken, also zur Hilfeleistung im Gewerbebetrieb, nicht mitführen. Werden von solchen Personen Kinder unter 14 Jahren aus anderen Gründen mitgenommen, so kann die Verwaltungsbehörde die Mitnahme ganz untersagen, insbesondere wenn nicht für ausreichenden Schulunterricht gesorgt ist.

Kaufleute, die nicht im Besitze der bürgerlichen Ehrenrechte sind, dürfen Lehrlinge nicht halten und sich mit ihrer Anleitung nicht befassen, Gewerbetreibenden, denen die bürgerlichen Ehrenrechte aberkannt sind, ist auf die Dauer des Entzugs dieser Rechte die Anleitung von Personen unter 18 Jahren untersagt.

In offenen Verkaufsstellen und in den dazu gehörigen Schreibstuben und Lagerräumen ist den Gehilfen, Lehrlingen und Arbeitern nach Beendigung der Arbeitszeit eine ununterbrochene Ruhezeit von wenigstens 10 Stunden zu gewähren. Ausnahmen sind für besonders dringende Arbeiten und für höchstens 30 besonders bestimmte Tage im Jahre vorgesehen.

Kaufleute und Gewerbeunternehmer sind verpflichtet, die Arbeitsräume, Betriebsvorrichtungen, Maschinen und Gerätschaften so einzurichten und zu unterhalten, daß die Lehrlinge, Gehilfen, Arbeiter gegen die Gefahren für Leben und Gesundheit soweit geschützt sind, als es die Natur des Betriebes gestattet, gute Sitten und Anstand aufrecht zu erhalten und auf die Gesundheit und Sittlichkeit der noch nicht 18 Jahre alten Beschäftigten besondere Rücksicht zu nehmen.

Kaufleute und Gewerbetreibende haben ihre Lehrlinge und Gehilfen unter 18 Jahren zum Besuche der Schule anzuhalten und den Schulbesuch zu überwachen; dies gilt auch von Fortbildungs- und Fachschulen, deren Besuch vorgeschrieben ist. Die Arbeitgeber haben die dazu nötige Zeit zu gewähren.

In gewerblichen Betrieben, in denen in der Regel zehn oder mehr Arbeiter verwendet sind, dürfen Kinder unter 13 Jahren gar nicht beschäftigt werden, ältere Kinder nur unter der Voraussetzung, daß sie nicht mehr zum Besuche der Werktagsschule verpflichtet sind. In solchen Betrieben darf die Beschäftigung von Kindern unter 14 Jahren sechs Stunden täglich nicht überschreiten und die Beschäftigung junger Leute zwischen 14 und 16 Jahren nicht über

10 Stunden ausgedehnt werden. Die Arbeitsstunden der Arbeiter unter 16 Jahren dürfen nicht vor 6 Uhr morgens beginnen und nicht über 8 Uhr abends dauern; die gesetzlichen Arbeitspausen sind zu beobachten. Arbeiterinnen dürfen in Betrieben mit zehn oder mehr Arbeitskräften nicht in der Nachtzeit von 8 Uhr abends bis 6 Uhr morgens beschäftigt werden; auf beschränkte Zeit können von den Verwaltungsbehörden Ausnahmen bewilligt werden. Das Gesagte gilt von der Beschäftigung in Bergwerken, Salinen, Brüchen unter Tag, Hüttenwerken, Zimmerplätzen, Werften, Tabakbearbeitungsstätten und in Werkstätten mit Triebwerken — hier sind Ausnahmen zuläſſig — ohne Rücksicht auf die Arbeiterzahl und von der Beschäftigung in Ziegeleien, Brüchen und Gruben über Tage, wenn die Zahl der Arbeiter regelmäßig 5 oder mehr beträgt.

In Betrieben unter Tage (Bergwerke, Gruben) dürfen Arbeiterinnen gar nicht beschäftigt werden.

Auch bei Bauten jeder Art, in Ziegeleien, über Tag betriebenen Brüchen und Gruben, beim Steinklopfen, Speditionsfuhrwerk, beim Mischen und Mahlen von Farben, im Schornsteinfegergewerbe, bei Arbeiten in Kellereien, bei der Reinigung von Dampfkesseln, in Werkstätten mit Triebwerken dürfen Kinder unter 13 Jahren und werktagsschulpflichtige Kinder nicht beschäftigt werden, weder eigene noch fremde.

In keiner Werkstätte, in keinem Handelsgewerbe und in keinem Verkehrsgewerbe dürfen fremde Kinder unter 12 Jahren beschäftigt werden; eigene Kinder nur, wenn sie über 10 Jahre alt sind; soweit ihre Beschäftigung zuläſſig ist, darf sie nicht bei Nacht und nicht vor dem Vormittagsunterricht stattfinden. Dies gilt auch für die Hausindustrie. Im Betriebe von Gast- und Schankwirtschaften dürfen Kinder unter 12 Jahren überhaupt nicht und Mädchen unter 13 Jahren oder werktagsschulpflichtige Mädchen nicht zur Bedienung der Gäste verwendet werden; für kleine Betriebe können Ausnahmen bewilligt werden. Für gefährliche Betriebe bestehen besondere Bestimmungen zum Schutze jugendlicher Arbeiter jedes Geschlechtes.

Kinder unter 14 Jahren dürfen auf öffentlichen Wegen, Straßen und Orten Gegenstände nicht feilbieten ohne vorgängige Bestellung, auch nicht von Haus zu Haus. Wo das herkömmlich war, kann es von der Polizeibehörde für 4 Wochen im Jahr zugelassen werden.

Hier einschlägig sind auch die Bestimmungen über Sonntagsruhe.

Der Waisenrat kann sich über die im einzelnen Falle maßgebenden Vorschriften beim Vormundschaftsgericht, bei der Verwaltungsbehörde (Bezirksamt oder Stadtmagistrat), bei der Ortspolizeibehörde, bei den Gewerbeaufsichtsbeamten Aufschluß erholen. Bemerkt er Mängel und Zuwiderhandlungen der bezeichneten Art, so veranlaßt er das zum Schutze der Kinder oder Jugendlichen Erforderliche, indem er den Anschein vermeidet, als habe er es mit der Anwendung der Strafbestimmungen zu tun oder als wolle er auf Bestrafung hinarbeiten.

---

20. Kapitel.

Jugendfürsorge und Volkserziehung.

Die Stellung des Waisenrates läßt erkennen, daß er auch außerhalb der ihm im Gesetze mit ausdrücklichen Worten zugewiesenen Aufgaben alles zu fördern hat, was der Jugend und damit der Allgemeinheit zum Besten dient.

Daher ist es Sache des Waisenrates, den das körperliche und sittliche Wohl der Jugend bezweckenden Bestrebungen, Vereinigungen und Unternehmungen Interesse entgegenzubringen und sie mit Rat und Tat zu unterstützen. Er sucht vor allem mit den Jugendschutzvereinen jeder Art und den Jugendfürsorgeverbänden sowie deren Leitern freundschaftliche Fühlung zu gewinnen und zu behaupten; wo solche Verbände nicht bestehen, beteiligt er sich an der Gründung.

Was immer der Gesundheit der Kinder und Jugendlichen nützen kann, findet bei ihm Beifall und Unterstützung. Er tritt dafür ein, daß die Mütter ihre Kinder, wo es nur immer möglich ist, an der Brust nähren und selbst pflegen statt sie anderen anzuvertrauen, daß Kindergärten (Kinderschulen) und Suppenanstalten eingerichtet werden, daß der Jugend Spielplätze zur Verfügung gestellt werden, daß sich Vereinigungen bilden, die unter Aufsicht Volksspiele und ähnliche ehrbare Zerstreuungen pflegen, daß Schwimm- und Badegelegenheiten im Freien für Kinder oder Jugendliche geschaffen und unter Überwachung benutzt werden. Er fördert das Jugendturnen und den vernünftigen Sport, z. B. Rodeln, Rudern, Kegeln, unter Bekämpfung schädlicher Auswüchse, hilft zur Einrichtung von Koch- und Nähkursen, Samariter- und Krankenhilfeunterricht und eifert zur regen Benutzung dieser Ausbildungsgelegenheiten an. Er klärt Unwissende auf, daß Alkoholgenuß für Kinder schädlich ist, und daß Tuberkulose (Lungenschwindsucht) in den Anfängen durch geeignete Ernährung und Lebensweise oder längere Behandlung in einem Sanatorium geheilt werden kann. Er belehrt gefährdete Jünglinge unter vier Augen über die Folgen geschlechtlicher Verirrungen und der Geschlechtskrankheiten, sucht durch entsprechende Hinweise und Vorschläge zur Besserung unpassender Wohnungsverhältnisse beizutragen und bemüht sich, in gleicher Weise die Gefahren zu beseitigen, die sich aus angespannter Beschäftigung Jugendlicher in der Hausindustrie oder in Fabriken ergeben.

Besondere Aufmerksamkeit wendet er den Blinden, Taubstummen und Krüppeln jeden Alters zu. Er sorgt auf alle Weise für sie, so für Unterricht und für ihre Erwerbsfähigkeit, für Unterkunft in Heil- oder Versorgungsanstalten, für Anschaffung von Hilfsmitteln oder Ersatzgliedmaßen. Er läßt nichts unversucht, ob sie nicht Heilung oder Linderung erlangen können, und ruft, soweit sie minderjährig oder Mündel sind, auch das Vormundschaftsgericht zur Unterstützung an.

Geisteskranke oder Schwachsinnige, die zu Hause nicht ständig überwacht werden können, sucht er in eine geeignete Anstalt zu bringen, besonders wenn Gefahr der Fortpflanzung und Vererbung besteht. Andererseits bemüht er sich, Geistesschwache und Gebrechliche gegen Spott und Kränkung zu schützen.

Zur besseren sittlichen Erziehung der Jugendlichen fördert der Waisenrat die Einrichtung und Benützung von Volksbibliotheken und die Darbietung edler Genüsse für die Jugend. Er gewährt, wo es angemessen ist, seinen Rat bei der Berufswahl, damit die besondere Veranlagung und Neigung des Kindes zu ihrem Rechte kommt, und vermittelt sonstige Anliegen seiner Schützlinge den dafür zuständigen Personen oder Behörden. Er erinnert sich, welch' wichtiges Erziehungsmittel die Sparsamkeit ist, da der Sparsame auch sonst auf gute Führung bedacht ist, und leitet die jugendlichen Dienstboten oder Arbeiter zur rechten Verwendung ihres Verdienstes und zur Sparsamkeit an. Bei Gelegenheit weist er auch die Jugend auf die Pflichten gegen die Allgemeinheit und das Vaterland hin, sucht den Gemeinsinn bei ihr zu wecken und für ideale Ziele zu werben.

Unsitten und verderblichen Anschauungen tritt er rücksichtslos entgegen. Er bekämpft den Aberglauben an Hexen und Gespenster, den Kinderbettel, der zu Müßiggang und Gelegenheitsdiebstählen und so zur Mißachtung fremden Eigentums führt, den übermäßigen Alkoholgenuß. Er zeigt dem Burschen, der Vater eines unehelichen Kindes ist, wie unnatürlich und erniedrigend es ist, sich den Unterhaltsverpflichtungen zu entziehen, wie ein solcher Mensch sich vor dem Tiere schämen muß, da dieses für seine Jungen sorgt. Er legt dar, wie gemein derjenige handelt, der intimen Verkehr mit einem Mädchen hatte und nun, um sich der Unterhaltspflicht entschlagen zu können, einen anderen Mann dazu bestimmen will, die Geschwängerte zum nämlichen Verkehr zu überreden. Er stellt vor, wie sehr Tierquälerei entwürdigt und gibt Hinweise, wie überflüssige oder schädliche Tiere (z. B. junge Katzen) rasch und schmerzlos getötet werden können. Er warnt Eltern, ihr unerfahrenes Kind aufs Geratewohl in eine große Stadt ziehen zu lassen, in der es ihm an jedem Anschluß an Verwandte oder an Bekannte und an jeder Überwachung fehlt.

Aus diesen wenigen Beispielen möge der Waisenrat entnehmen, wie groß sein Arbeitsfeld ist und wie segensreich er wirken kann.

Es wäre natürlich fehlerhaft, wenn der Waisenrat sich beständig in der Rolle des Predigers oder Sittenwächters zeigen wollte. Er würde sich lächerlich machen. Aber bei einiger Aufmerksamkeit findet er bald da bald dort geziemende Gelegenheit, gesunde Fortschritte anzubahnen, denen, die es angeht, seine Meinung kundzugeben, ohne aufdringlich oder verletzend zu werden, und zur Pflege guter Sitten beizutragen.

21. Kapitel.

Berichtbeispiele.

1. An das K. Amtsgericht Lohr, Vormundschaftsgericht.

Gestern ist der Schmiedmeister Friedrich Kemmer, Vormund seiner Enkel, der Kemmer'schen Forstaufseherskinder dahier, V. V. 17/1901, gestorben. Der bereits volljährige Bruder der Mündel will in der nächsten Woche nach Südwestafrika auswandern und verlangt, daß die Teilung des elterlichen Vermögens sogleich vorgenommen werde. Der mütterliche Großvater Anton Becker, pens. Straßenwärter hier, ist 67 Jahre alt und hat mir erklärt, daß er nicht Vormund werden wolle. Ich schlage als Vormund den Onkel der Kinder, den Beigeordneten Karl Becker vor; er nimmt die Vormundsstelle an, obwohl er sechs minderjährige Kinder hat, und überbringt dieses Schreiben.

Rechtenbach, 14. März 1910. Wimmer, Waisenrat.

2. Telephonischer Bericht des Waisenrats Horn in Lichtenfels an das Herzogl. Amtsgericht Coburg:

Der Schlosserlehrling Rudolf Sachse hier, über den dort Vormundschaft geführt wird, Vorm.Reg. 1894 Ziffer 165, hat durch Sturz von einem Baume ein Bein gebrochen. Er widersetzt sich der Aufnahme ins Distriktskrankenhaus oder in eine Klinik und sein Meister Fritz Binder läßt ihn durch einen bekannten Pfuscher, den Hieronymus Meisel von Krottenbach, behandeln. Ich halte dies für gefährlich, der Mündel könnte durch falsche Behandlung erwerbsunfähig werden. Sachse sollte sofort ins Krankenhaus oder in die Behandlung eines tüchtigen Arztes kommen.

Sein Vormund soll vor einigen Wochen gestorben sein.

3. Das Amtsgericht Lauingen ersucht den Waisenrat Röhm in Burghagel um Bericht, ob es richtig ist, daß die Mutter der Bayerlein'schen Kinder sich mit dem Vormund Weiß nicht vertragen könne, die Kinder und ihren Mann gegen ihn aufhetze und ihn bei jeder Gelegenheit beschimpfe.

Der Waisenrat setzt auf das gerichtliche Schreiben folgende Antwort:

Burghagel, 6. März 1910.

Zurück an das K. Amtsgericht Lauingen.

Das Vorbringen des Vormunds Weiß ist wahr. Frau Oberle, die Mutter der Mündel, kann den Vormund nicht leiden, beleidigt ihn öfter durch Schimpfworte und verwehrt ihm den Zutritt zu den Kindern. Sie schreit überall herum, daß der Vormund die Kinder und sie benachteiligt habe; das zielt dahin, daß Weiß bei der Abtretung von Grundstücken für die neue Staatsstraße nicht auf dem zuerst verlangten Preise stehen blieb und es nicht auf einen Prozeß ankommen ließ. Den nämlichen Vorwurf haben auch der älteste Mündel und der Stiefvater der Kinder gegen den Vormund im Wirtshause vor allen Leuten ausgesprochen.

Ich begutachte, daß Weiß gemäß seinem Wunsche entlassen wird, und schlage als Vormund den Schwager der Frau Oberle, den Kaufmann Friedrich Kraft dahier, vor. Er führt schon 2 Vormundschaften, will aber nicht ablehnen.

Röhm, Waisenrat.

4. An das K. Amtsgericht Regen, Vormundschaftsgericht.

Heute ist die verwitwete Häuslerin Anastasia Schlag in Hochholz plötzlich gestorben. Sie hinterläßt 2 eheliche Kinder: Ursula, 6 Jahre alt, Friedrich, 2 Jahre alt. Da die Verstorbene mit den Kindern allein im Häuschen wohnte und nähere Verwandte nicht vorhanden sind, habe ich die Kinder vorläufig dem verheirateten Gütler Benno Niedermaier hier in Pflege und Obhut gegeben und ein Pflegegeld von täglich 1 *M* für beide Kinder zusammen vereinbart.

Die Vormundschaft will ich selbst übernehmen.

Hinterleithen, 14. Februar 1910. Pröbstl, Waisenrat.

5. Das Amtsgericht Ebersberg beauftragt den Waisenrat Mader in Oberndorf zu berichten, ob der Vormund Adam Lupfer, Schmied in Rinding, trotz seiner Bestrafungen noch als Vormund geeignet sei und der Mündel Alois Friedl bei ihm belassen werden könne. Der Waisenrat erwidert:

Zurück an das K. Amtsgericht Ebersberg.

Der Vormund Lupfer ist allerdings wegen Körperverletzung und wegen Widerstands gegen die Staatsgewalt vor 2 Jahren erheblich bestraft worden, da er ein rechthaberischer, leicht erregbarer Mensch ist, der sich nichts gefallen lassen will. Er ist aber ehrlich und redlich, lebt mit seinen Leuten in Frieden und hält im Hause auf Ordnung. Den Mündel Friedl, seinen Neffen, hat er gerne und erzieht ihn ordentlich. Frau Lupfer ist eine tüchtige Hausfrau und sorgt für den Buben wie eine Mutter. Der Mündel kann unbedenklich bei Lupfer belassen werden und es liegt kein Grund vor, einen anderen als Vormund aufzustellen.

Mündel Alois Friedl ist völlig gesund und führt sich gut.

6. An das K. Amtsgericht Markterlbach, Vormundschaftsgericht.

Seit kurzem ist die Anwesensbesitzerin Frau Johanna Bucher geisteskrank. Der Arzt hält sie für unheilbar. Sie wurde gestern in die Anstalt nach Erlangen gebracht. Ihr Mann ist wegen Mordversuchs seit 1909 im Zuchthause zu Ebrach, seine Strafe endigt erst 1915. Es sind 3 Kinder da: Kreszenz, 18 Jahre alt, Friedrich, 16 Jahre alt, Karl, 5 Jahre alt. Karl ist krüppelhaft; seine Beine sind seit einigen Monaten gelähmt. Er sollte in eine Anstalt kommen, vielleicht kann er geheilt werden. Die zwei älteren Kinder sind gesund und sorgen für ihren Bruder Karl.

Den Nachbarn Leopold Mitterer habe ich ersucht, auf das Haus und auf die Kinder Acht zu geben, bis ein Vormund aufgestellt ist. Hiefür schlage ich vor den Thomas Sperling, Bauern in Brunn.

Brunn, 23. Januar 1910. Stadler, Waisenrat.

7. An das K. Amtsgericht Simbach, Vormundschaftsgericht.

Durch Eilboten!

Hier wohnt seit einigen Wochen mit seiner Mutter, der ledigen Taglöhnerin Karoline Schmid, der Mündel Michael Schmid, 5 Jahre alt. Vormund ist der Viehhändler Tobias Pankofer in Ering. Vater des Knaben ist der Bauernsohn Stefan Bruckmaier in Ering; er hat bisher noch gar nichts für den Unterhalt des Mündels geleistet und will auch jetzt nichts zahlen, obwohl er vorgestern von seinen Eltern 3000 *M* Erbabfindung erhalten hat. Er reist in nächster Woche nach Bremen, da er nach Amerika auswandert. Der Vormund Pankofer will zur Wahrung der Rechte des Mündels nichts tun, um es nicht mit den Eltern des Bruckmaier zu verderben, und ist gestern mit einem Transport Ochsen nach Norddeutschland abgereist, was mir der Beigeordnete von Ering, sein Nachbar, bestätigt hat. Die Kindsmutter wäre selbst zu Gericht gekommen, liegt aber krank darnieder.

Von der Mutter des Mündels weiß ich, daß die Vormundschaft in Simbach geführt wird. In meiner Waisenliste ist der Mündel nicht eingetragen; ich ersuche, die Überweisung zu veranlassen.

Malching, 23. April 1910. Angermann, Waisenrat.

Das Vormundschaftsgericht Simbach wird sofort dem Mündel einen Pfleger bestellen und dieser den dinglichen und persönlichen Sicherheitsarrest gegen Bruckmaier beantragen.

8. An das Gr. Amtsgericht Achern (Baden).

Franz Gall, Vormundschaft, V. 21/1903.

Seit 2 Jahren wohnt hier der Steinhauer Johann Gall, früher in Kappelrodeck, AG. Achern, mit seinem Mündel und Enkel Franz Gall. Die Mutter des Knaben ist bald nach seiner Geburt gestorben. Der Vormund Gall ist seit dem Tode seiner Frau immer mehr ein Müßiggänger und Trunkenbold geworden. Er liegt häufig berauscht auf der Straße. Die Leute haben alle Achtung vor ihm verloren. Darunter leidet die Erziehung des Knaben; er fehlt häufig in der Schule und wird öfter von seinem Vormund ins Wirtshaus mitgenommen.

Ich begutachte, daß der Vormund entlassen wird, und schlage als Nachfolger den Josef Keck, Hafnermeister in Oberbrunn, vor, einen Schwager der Kindesmutter. Der Waisenrat in Obernau hat mir den Keck mündlich als tauglich bezeichnet.

Heideck, 4. April 1910. Kellner, Waisenrat.

9. VV. 13/1893, Amtsgerichts Neumarkt i. O.

Mündel Isabella Leicht, Arbeiterin in der Groß'schen Puppenfabrik, hat sich vor einigen Wochen bei der Wäscherin Amalie Gerner hier, Glockengasse 75/III, eingemietet. Das Mädchen hat hier keine Verwandte und hat sich ganz an Frau Gerner angeschlossen, die einen ungünstigen Einfluß ausübt. Sie nimmt die Leicht abends in Wirtshäuser von zweifelhaftem

Rufe mit, so in die Wirtschaft „Zum grünen Häring“, Wasserstraße 4 und „Zum güldenen Abendroth“, Thurmgasse 38, wo sich junge Männer an die Leicht herandrängen und sie mit unpassenden Reden unterhalten. Die ebenfalls Glockengasse 75 wohnende Bauzeichnerswitwe Leonie Fromm hat mir mitgeteilt, daß vorgestern ein anscheinend wohlhabender Herr sich abends 7 Uhr unter verdächtigen Umständen nach der Wohnung der Leicht erkundigt habe und sie besuchen wollte. Nach meinen Erkundigungen ist Frau Gerner vor mehreren Jahren wegen Kuppelei bestraft worden.

Es ist dringend nötig, das Mädchen in eine andere Umgebung und unter gute Aufsicht zu bringen.

Ich habe die Leicht wohlwollend gewarnt und auch der Polizei vertrauliche Mitteilung gemacht.

Nürnberg, Laufergasse 12, 25. April 1910. List, Waisenrat.

An das K. Amtsgericht Neumarkt i. O.

mit dem Anfügen, daß die hiesige Hauptstelle für Jugendfürsorge, Theresienstraße 13, zur geeigneten Unterbringung gerne behilflich ist.

Nürnberg, 26. April 1910.

Gemeindewaisenrat:

N. N.

10. An das K. Amtsgericht Kiel, Vormundschaftsgericht. Dringlich!

Seit 3 Monaten befindet sich hier der Mündel Kurt Hansen, Friseurgehilfe von Kiel, 17¼ Jahre alt, Sohn der ledigen Ida Hansen. Vormund ist angeblich der Werftaufseher Heinrich Martens in Kiel. Kurt Hansen, bei Witwe Martha Göhler hier, Schulgasse, ist lungenkrank und kann seiner Arbeit nicht mehr nachgehen. Meinen Rat, sofort ein Sanatorium aufzusuchen, befolgt er nicht, da er sich von der Hausfrau und deren Tochter nicht trennen will. Ich habe vor 2 Wochen dem Vormund und der Mutter des Kurt Hansen Mitteilung gemacht, sie haben aber bisher nichts getan. Nach meiner Ansicht ist es höchste Zeit, daß für die Wiederherstellung des Mündels, der Vermögen zu besitzen angibt, alles Mögliche geschieht. Eine geeignete Heilanstalt ist das Sanatorium für Lungenkranke am Hausstein b. Deggendorf, Niederbayern. Der K. Bezirksarzt Dr. Fischer hier könnte mit der Untersuchung des Mündels beauftragt werden.

In meiner Waisenliste habe ich den Kurt Hansen nur vorläufig eingetragen. Der Gemeindewaisenrat in Bad Kissingen, wo Hansen vorher arbeitete, hat keinen Eintrag in seiner Waisenliste, wie er mir mitteilte. Ich ersuche mir das Nötige anzugeben, damit ich die Eintragung vollständig machen kann.

Schwandorf, 19. März 1910. Weihermann, Waisenrat.

11. Das Amtsgericht Obermoschel ersucht den Waisenrat Hunglinger in Ebernburg um Bericht, ob der Ackerer Albin Schnell in Ebernburg gelähmt und mit der Bestellung eines Pflegers für seine Vermögensangelegenheiten einverstanden ist.

Der Waisenrat berichtet: An das K. Amtsgericht O. zurück mit der Bestätigung, daß Albin Schnell seit einigen Wochen an der rechten Seite so gelähmt ist, daß er das Bett hüten muß, sich nur wenig bewegen und nur mit Mühe sprechen kann. Er gab mir auf meine Frage deutlich zu verstehen, daß es ihm ganz recht sei, wenn ihm ein Pfleger für alle Vermögensgeschäfte bestellt werde, damit die von ihm längst geplante Anwesensübergabe in Ordnung komme. Als Pfleger schlage ich den Freund des Albin Schnell, den Versicherungsagenten Norbert Pöhlmann dahier, vor.

12. An das K. Amtsgericht Nördlingen.

Zahler'sche Kinder, VV. 38/1901.

Der Vormund Peter Höflinger ist seit wenigen Tagen an Lungenentzündung schwer erkrankt. Morgen soll nun für die Mündel vor dem Bezirksamt Nördlingen in einer Enteignungssache — Bau der Bahn nach Neresheim — eine wichtige Erklärung abgegeben werden. Die volljährigen Geschwister der Mündel behaupten, daß der Termin nicht verschoben werden könne. Ich schlage daher einen Pfleger vor, den Butterhändler Anton Kolb in Nähermemmingen; er kennt die Sache genau, da er mit dem Vormund öfter darüber gesprochen hat. Ich gebe dem Kolb dieses Schreiben verschlossen mit.

Holheim, 12. April 1910. Prechtl, Waisenrat.

13. An das K. Amtsgericht Annweiler.

Kraus'sche Kinder, VV. 78/1909.

Gestern Abend wurde im Kröllschen Sternwirtshaus hier über das Vermögen der Kraus'schen Kinder gesprochen. Der Schneider Franz Scherer sagte, er habe gehört, auf jedes Kind treffe ein Elterngut von 5400 *M*, da hätte man doch viel mehr erwartet. Da erwiderte der Korbmacher Augustin Schramm: „Es ist auch mehr da, der Max Wüst, der Sohn des Vormunds, hat mir einmal gesagt, sein Vater habe nach der Inventur noch viele Pfandbriefe gefunden, der Amtsrichter brauche das aber nicht zu wissen, das Geld könne er auch ohne Gericht aufheben und die Kinder hätten weniger Steuer zu zahlen." Das Gespräch im Wirtshaus hat auch der Küfer Adam Born hier mitangehört.

Ich glaube, daß an der Sache etwas Wahres ist. Den Vormund halte ich zwar für treu und ehrlich, aber die Wertpapiere gehören in amtliche Verwahrung.

Es liegt mir daran, daß der Vormund nicht erfährt, wer diese Anzeige gemacht hat; denn er wäre mir sonst feind und er hat hier viel Anhang und Einfluß.

Dernbach, 20. Februar 1910. Stockhammer, Waisenrat.

14. An das K. Amtsgericht Nittenau, Vormundschaftsgericht.

Der Zimmermann Franz Wanderl in Knittelsbach hat vorgestern seinen 11jährigen Sohn Hubert im Zorne übermäßig gezüchtigt und zuletzt an die Wand geworfen, so daß der Knabe wie tot liegen blieb und eine schwere Gehirnerschütterung davontrug. Es ist nicht das erste Mal, daß der Vater im Zorne die Gesundheit seiner Kinder beschädigt; im vorigen Jahre hat er, was ich erst jüngst erfahren habe, seine Tochter Luise so geschlagen, daß sie 14 Tage zu Bette liegen mußte und mehrere Monate an den Folgen litt.

Als Zeugen nenne ich die Nachbarin Helene Moser, Hebamme, und den Wirtssohn Benedikt Koller, beide hier.

Sängerau, 7. Oktober 1909. Spindler, Waisenrat.

15. An das K. Amtsgericht Ingolstadt, Vormundschaftsgericht.

Der Gärtner Erasmus Vaitl in Unterhaunstadt hat eine 8 Jahre alte Tochter Kunigunde, die vor einem halben Jahre von einem Automobil überfahren wurde. Infolge dieses Unfalles mußte ihr der rechte Unterschenkel abgenommen werden. Seitdem geht das Kind nicht in die Schule; zu Hause erhält es keinen Unterricht. Ich legte dem Vater nahe, dem Kinde ein künstliches Bein oder doch eine brauchbare Krücke machen zu lassen, er will aber nichts davon wissen, das Kind hat nur eine vom Vater selbst gefertigte Krücke, mit der es sich nicht gut fortbewegen kann.

Vaitl hat eine Entschädigung von 3600 *M* für seine Tochter bekommen. Davon hat er bereits 1100 *M* für sich verbraucht, wie er selbst seinem Nachbarn Ferdinand Kaltenegger, Gütler in Unterhaunstadt, mitteilte. Wenn das übrige Geld dem Kind nicht sichergestellt wird, geht es noch ganz verloren. Vaitl ist an Werktagen häufig im Wirtshause und spielt um hohe Beträge.

Oberhaunstadt, 31. März 1910. Schlaffner, Waisenrat.

16. Mündlicher Bericht des Waisenrats Glockseisen in Schönwald beim Vormundschaftsrichter in Selb.

Der Vormund Alois Kammerer in Grünhaid hat Altertümer, die seinen Mündeln, den Spahl'schen Kindern gehören, um 2200 *M* an einen Händler in Leipzig verkauft und das Geld bar ausbezahlt erhalten. Davon hat er 2000 *M* seinem Schwager Eusebius Gotthold, Anwesensbesitzer in Silberbach, geliehen; Hypothek soll für die Kinder noch errichtet werden. Die Vermögensverhältnisse des Gotthold sind nach meinen Erkundigungen ungünstig. Die Hypothek wird nicht sicher sein; der Vormund ist vertrauensselig und glaubt, auf den Grundstücken des Gotthold könne Porzellanerde gewonnen werden, davon ist aber keine Rede. Ich erstatte mündlich Anzeige, da ich durch einen Unfall am Gebrauche der rechten Hand verhindert bin.

17. An das K. Amtsgericht Weilheim, Vormundschaftsgericht.

Die Korbmacherswitwe Brigitte Hofmann in Maxkron ist seit längerer Zeit leidend und muß das Haus hüten. Es ist ihr nicht möglich, die Bewirtschaftung ihrer Felder zu überwachen und den sonstigen Geschäften nachzugehen. Die Kinder bedürfen besserer Aufsicht. Es wäre gut, wenn ein Beistand aufgestellt würde. Als solchen schlage ich den Nachbarn Fritz Türk, Schneider in Maxkron, vor.

Der älteste Sohn der Witwe Hofmann namens Josef, etwa 14 Jahre alt, ist ein Taugenichts, will nicht arbeiten, kränkt seine Mutter, wo er kann und macht auch dem Lehrer zu schaffen. Ich empfehle, ihn vor Gericht zu laden und ihm die Zwangserziehung anzudrohen. Vielleicht hilft dies. Gegen mich hat er sich jüngst trotzig benommen, als ich ihn zur Rede stellte.

Penzberg, 24. Februar 1910. März, Waisenrat.

18. An das K. Amtsgericht Neustadt a. S., Vormundschaftsgericht.

Frau Magaretha Schütz, deren Mann Paul Schütz Eisenbahnexpeditor a. D. wegen Geisteskrankheit entmündigt und in der Anstalt zu Werneck untergebracht ist, hat einen Sohn Eduard, 16 Jahre alt. Der Bursche wächst der Frau über den Kopf und läßt sich nichts mehr sagen. Er wurde vor einigen Monaten wegen Kneipens aus der Oberrealschule entlassen und treibt sich seitdem beschäftigungslos umher. Wenn ihn die Mutter zu ordentlichem Lebenswandel ermahnt, lacht er sie aus. Ich glaube, daß ein tüchtiger Mann als Beistand den Eduard Schütz auf den richtigen Weg bringen kann, und schlage hiefür den Oberlehrer Rudolf Ott hier vor.

Neustadt a. S., 17. Januar 1910. Ries, Waisenrat.

19. An das K. Amtsgericht Laufen, Vormundschaftsgericht.

In Untergeisenfelden hält sich seit 8 Tagen der Unterhändler und Viehkastrator Max Esterl mit seinem 11 jährigen Sohne Otto auf. Der Knabe geht nicht in die Schule, was mir der hiesige Lehrer bestätigte, und hat der Häuslerin Maria Weilleder, bei der er wohnt, erzählt, daß er seit dem Herbst des vorigen Jahres keine Schule besuchte. Er kommt auch nicht in die Kirche. Vor ein paar Tagen hat er in den Ortschaften der Gemeinde Fridolfing gebettelt. Sein Vater hat keinen Wohnsitz, bleibt überall nur kurze Zeit und nimmt den Buben auf seine Gänge mit, auch in die Wirtshäuser. Der Bube verwahrlost immer mehr. Da kein Vermögen vorhanden ist und sein Vater das Handwerk sicher nicht aufgibt, wird Zwangserziehung nötig sein.

Ich begutachte sofortige Unterbringung in einer Anstalt, da der Vater mit ihm nach Österreich hinübergeht, wenn er erfährt, daß sich die Behörden mit der Sache befassen. Esterl ist angeblich in Rosenheim beheimatet.

Fridolfing, 19. April 1910. Müller, Waisenrat.

20. An das K. Amtsgericht Krumbach, Vormundschaftsgericht.

Auf der Durchreise ist gestern eine ledige Händlerin mit einem 5 Jahre alten Kinde nach Balzhausen gekommen. In letzter Nacht ist sie plötzlich gestorben. Nach ihren Ausweispapieren heißt sie Kordula Obermoser, zuständig nach Fügen in Tirol. Das Kind heißt Notburga Obermoser und ist einstweilen von mir bei dem Bauern Ludolph Heimer hier untergebracht worden. Heimer und seine Frau nehmen sich um die Waise an.

Balzhausen, 13. Januar 1910. Edelmann, Waisenrat.

Sachregister.

Die Zahlen geben die Seiten an.

Druck von Dr. F. P. Datterer & Co. G. m. b. H. Freising und München.

Kolibri 360 GmbH
Ferdinand-Jühlke-Straße 7
99095 Erfurt, Deutschland
produktsicherheit@kolibri360.de